はじめに

　江戸時代の終わりから明治初期に日本にきた西洋人が瀬戸内海において感じたこと、また瀬戸内海が日本で最初の国立公園に指定される時に人々が感じていたこと、映画『二十四の瞳』で背景でありながらも強い主張をにじませていたこと、それは瀬戸内海の美しさ、さらに言えば平和を感じさせる風景であった。瀬戸内海は美しい。それを構成する要素として、海の美しさ、島の形の美しさ、そこに育っている植物の美しさ、いくつもいくつも思いつくが、自然景観の美だけではなく、その中に含まれながらも、自分達の生活の軌跡を景観の中に調和させ、そこに根をおろし、日々の暮らしを成り立たせているひとの生活を含む景観の美であった。多くの人が総体としての瀬戸内海という地域の景観美にひきつけられてきた。

　2010年7月から10月までの4ヶ月間、瀬戸内海の海洋美を大いに意識した現代美術の展覧会があった。主催は瀬戸内海国際芸術祭実行委員会であるが、会長を香川県真鍋知事と後任の浜田知事、総合プロデューサーを財団法人直島福武美術館財団の福武理事長、総合ディレクターを北川フラム氏という陣容で大規模で斬新な切り口の美術展が開催された。会場は香川県の直島、豊島、女木島、男木島、小豆島、大島、岡山県の犬島という7島であった。そこに住む住民、芸術家、行政マン、実行委員会にたずさわったボランティアも含めての実務者、そして方々からやってきた観賞者としての旅行者という、全く目的も行動様式も意図も違う人が瀬戸内海の島々を舞台に大勢行きかった。そして芸術祭はそれぞれの人に様々の思いや感想や達成感を残した。

　私達は主要な会場となった香川県海域にある大学としてできるだけの協力をした。またそれを研究としてウォッチしたいと考えた。この本では瀬戸内海島嶼にとっては島々にとっていろいろな意味でインパクトの大きいイベントについて島の側から記録を残しておく必要があると考える。いや研究テーマとして、今後の学問につなげたいと考える。そうい

う論考を並べた。

　芸術祭の開かれない島々でもそれぞれの時間は流れていた。いくつかの別の系譜のイベントが起きていた、島の時間・空間を考える論考も掲げた。小さな島に起きている年金世代のUターンや、小豆島の国立公園設立以前の島の人の自分たちの歴史を掘り起こす誇らしさという、明るい変化のきざしの小論もある。そして古くからの歴史遺物による、瀬戸内海の海域の交流の歴史遺物を訪ねる旅として、各種の交通機関を利用して見どころを学術的に説明しようとした論考もある。小豆島に残されてきた島遍路の巡礼路は歴史的に変化してきた。明治時代の神仏分離以前の姿を復元しようとした論文では、江戸時代に札所であった神社の景観としての素晴らしさや、遍路の八十八ヶ所の巡礼の含んでいた宗教的な意味の分析した論考をならべた。

　瀬戸内海を吹き抜ける爽やかな風と共に私たちの作品をお送りできれば幸いです。

著者を代表して　稲田道彦　2012/2/6

目　　次

第1章　瀬戸内国際芸術祭の住民評価とその規定因

室井　研二

　瀬戸内国際芸術祭（以下、芸術祭と略）は、2010年7月19日〜10月31日の105日間にわたり備讃瀬戸の島々を舞台に開催されたアートプロジェクトである。それまで世間の注目を集めることなどほとんどなかった過疎の離島に予想を大幅に上回る93万人もの観光客が押し寄せ、この年の香川県は芸術祭フィーバーに沸いた。芸術祭は離島の住民生活にどのような影響を投げかけたのか。また住民はそれをどう評価しているのか。イベント会場となった離島の住民を対象に実施した意識調査のデータを用いて実証的に検証し、芸術祭の成果と課題について検討することが本稿の目的である。

1. 評価の観点

　まず、芸術祭を評価する際の観点について整理しておきたい。

　第1は、芸術作品展としての評価である。このことはアートプロジェクトという事業の性格上いうまでもないことであるが、今回の芸術祭には世界の一線で活躍する著名なアーティストが国内外（18の国と地域）から75組も参加した。大都市圏とくらべると芸術作品の鑑賞機会が乏しい地方で、これほど大規模で質の高いアートイベントが開催されるのは異例のことであった。また、この芸術祭では現代アートを地域の歴史や文化の表現媒体として位置づけ、その地域に固有のサイトスペシフィックな作品展示が目指された。現代アートと離島という、最先端の表現様式と伝統的な風物の組み合わせという点でも話題性があり、多くの社会的注目を集めた。なお、瀬戸内国際芸術祭のこの芸術作品展としての魅力は主に観光客に向けてアピールされたものであるが、開催地となった離島の住民にとっても同様にあてはまるものと考えることができる。

　第2に、地域づくり事業としての評価である。今回の芸術祭では、芸

術作品の鑑賞機会の提供のみならず、アートを用いて地域を活性化することが目指された。このような志向性は芸術祭の総合プロデューサー福武總一郎氏（直島福武美術館財団理事長）や総合ディレクター北川フラム氏（女子美術大学教授）の価値観や信念に依るところが大きい。福武氏は、瀬戸内海の景観そのものを1つの芸術作品として世界にアピールし文化的な交流拠点としたいという考えから、1980年代後半から香川県直島で古民家をアートに見立てた「家プロジェクト」、安藤忠雄が設計の指揮を執ったベネッセハウスや地中美術館の建設など、数々の芸術文化活動を手がけてきた。北川氏も「大地の芸術祭　越後妻有アートトリエンナーレ」をプロデュースするなど、アートを通して地方の価値を再発見しようとする試みを精力的に実践してきた人物である。彼らの発案で、今回の芸術祭では現代アートの展示だけでなく地域の伝統文化や行事と関連したイベントが数多く開催された。アート作品の制作過程は住民に公開され、作品によっては住民への制作協力が積極的に呼びかけられた。ボランティア（「こえび隊」）の動員にも力が入れられ、作品の管理や紹介は基本的に彼／彼女らに委ねられた。芸術祭の運営に関わったこえび隊の人数は実働800人、延べ8500人にのぼっている[1]。

　このように今回の芸術祭では芸術作品の展示のみならず、離島や海（瀬戸内海）の魅力を発信すること、島民と島外の人々（観光客、アーティスト、ボランティア）との交流を生みだして島を活気づけることに力が注がれた。その意味で、今回の芸術祭は単なる興行的な利害関心には還元できない、地域づくりへの志向性を明確に有していた。もっとも、芸術祭が標榜した地域づくりと、従来の離島振興事業との異同や関連はどのようなものなのかは、イベント主催者や住民の間で認識が複雑に分かれる点である。このことについては後述することにしたい。

　第3は、観光事業としての経済的評価である。今回の芸術祭は福武氏の発案ではじまったものであるが、事業の実施にあたって各種行政機関、経済団体を中心に45団体から構成される大規模な瀬戸内国際芸術祭実行委員会が結成された（表1）。この実行委員会で、福武・北川両

氏らとともに大きな役割を担ったのが香川県である。石油危機後、素材型重化学工業が衰退し、それに代わる先端技術産業の立地も進まなかった香川県では、以前から経済政策の柱として観光産業の育成に力が注がれていた。瀬戸大橋建設事業も観光開発の観点から大きな期待が寄せられたが、高速交通の実現は移動の便宜を高めた反面、日帰り観光の比重を高めることにもなり、宿泊と結びついた観光収入の増加には必ずしも

表1　瀬戸内国際芸術祭実行委員会

会長	香川県知事　浜田恵造
名誉会長	前香川県知事　真鍋武紀
副会長	香川県商工会議所連合会長 高松市長
総合プロデューサー	福武總一郎（(財)直島福武美術館財団理事長）
総合ディレクター	北川フラム（女子美術大学教授）
構成団体	香川県、高松市、土庄町、小豆島町、直島町、(財)直島福武美術館財団、(財)福武教育文化振興財団、香川県市長会、香川県町村会、四国経済産業局、四国地方整備局、四国運輸局、国立療養所大島青松園、四国経済連合会、香川県商工会議所連合会、香川県商工会連合会、(社)香川経済同友会、香川県農業協同組合、香川県漁業協同組合連合会、㈱百十四銀行、㈱香川銀行、香川大学、四国学院大学、徳島文理大学、高松大学、香川県文化協会、(財)四国民家博物館、(社)香川県観光協会、(社)日本旅行業協会中国四国支部香川地区会、(社)高松コンベンション・ビューロー、香川県ホテル旅館生活衛生同業組合、四国旅客鉄道㈱、高松琴平電気鉄道㈱、香川県旅客船協会、(社)香川県バス協会、香川県タクシー協同組合、(社)香川県老人クラブ連合会、香川県婦人団体連絡協議会、(社)日本青年会議所四国支部香川ブロック協議会、香川県青年団体協議会、さぬき瀬戸塾 ［オブザーバー］ 岡山市、玉野市、岡山県商工会議所連合会、岡山大学

直結しなかった。この点、交通が不便な離島を舞台とした今回の芸術祭は、念願とされていた滞在型の観光振興に道を開くものであった。そこで県は多額の公費を投入して集客のための広報活動、安定した大量輸送のための交通対策に力を入れると同時に、国の観光圏整備法に規定される観光圏（「香川せとうちアート観光圏」）の認定を受け、県下全域を視野に入れて宿泊拠点（滞在促進地区）を整備し、芸術祭の経済効果を県全体に波及させることが目指された。このように今回の芸術祭では文化事業としての意義だけでなく、芸術祭から派生するマクロ地域経済的な効果に大きな政策的関心が寄せられた[2]。

　以上のように、瀬戸内国際芸術祭は性格の異なる複数の目的を有していたといえる。したがってその事後評価にあたっても複数の観点、すなわち、①文化事業としての評価、②地域づくり事業としての評価、③マクロ地域経済的な評価、という3つの観点から評価することが可能である。

　なお、芸術祭終了後、県議会で芸術祭に関する総括的な討論が行われたが、そこでの事業評価はもっぱら③の観点から行われ、またこの点での成果が強調される傾向にあった。例えば、下の議事録にみるように、今回の芸術祭は来場者が93万人に達したことをもって成功とされている。ちなみに開催前には来場者数は30万人（経済効果は50億円）と予測されており、今回の来場者数はそれを大幅に上回るものであった。また、首都圏や関西など遠方からの来場者が多く、平均宿泊日数が例年を大きく上回ったことも成果としてしばしば言及された。課題としては、芸術祭の来場者が県内の他の観光地にはあまり向かわず、観光の全県的な波及効果という点で限界があったことが挙げられているが、これもいうまでもなくマクロ地域経済的な観点からの評価であるといえる[3]。

　……瀬戸内国際芸術祭の総括についてであります。芸術祭には、予想を大きく上回る九十三万人余の来場者があり、成功裏のうちに閉幕したところであります。そこで、成功要因や課題など芸術祭の総括について、理事者の見解をただしたのであります。これに対して理事者は、今回の芸術祭は、さまざまなメディアに取り上げられ話題性があったことが、まずは成功要因だと考えている。一方、運営面で不十分な点もあり、例えば、県内の他の観光地への誘客不足などが課題として挙げられている。しかしながら、大勢の方々が香川を訪れたことにより、一定の経済効果が生じ、本県の知名度もアップしたと考えている。また、収支見込みでは、一億円余の剰余金があり、これは継続展示作品の補修費等に充当してまいりたいと考えている。なお、芸術祭の今後のあり方については、今回の反省を踏まえて、実行委員会で議論してまいりたいとの答弁がなされたのであります。

　　　　　　　　　　　　　　（2010年度　11月定例会　Y議員発言）

　逆にいうと、①と②に関する事業評価は必ずしも十分に行われたとはいえない。本稿はこのうち特に②（地域づくり事業）の観点に立って、

開催地となった島の住民の立場から芸術祭の事後評価を行おうとするものである[4]。

　今回の芸術祭は芸術作品展としての規模の大きさや斬新さのみならず、それが離島で開催されたという点でも注目されるべきものであった。周知のように、離島は都市住民の観念的な郷愁や憧れを喚起する場であるだけでなく、現実的には居住条件の著しい不利性によって特徴づけられる地域である。このことは本土と近接した瀬戸内の離島にとっても例外ではなく、むしろ、瀬戸内の離島のほうが外洋離島よりも過疎高齢化の進行が激しい。したがって、今回の芸術祭は離島振興という古くから懸案とされてきた政策課題との関連でもきわめて興味深い試みであり、その地域づくり事業としての効果を現場に即した観点から検証しておくことは意義あることであるといえよう。

2. 調査地の概要

　芸術祭のイベント開催会場となったのは、直島、豊島、女木島、男木島、小豆島、大島、犬島の7つの島と高松港周辺エリアである。われわれはこのうち、直島、豊島、女木島、男木島の4島を調査対象地に選んだ（図1、表2参照）。

　女木島と男木島は、以前は両島で1つの自治体（雌雄島村）を形成していたが、1956年に高松市に編入合併された。両島は今回調査した4島の中で最も過疎高齢化が深刻であり、人口はともに200人前後、高齢化率60〜70％である。

　環境的な制約が大きい離島では、単一職種への就業では生活を維持することは困難であるため、

図1　会場の位置

表2　4島の基本統計

島名	市町村名	面積 (km²)	人口 (2006)	高齢化率 (2005)	主要産業	来場者数 (万人)
男木島	高松市	1.37	236	61.4	漁	9.7
女木島	高松市	2.67	232	57.1	漁	10
豊　島	土庄町	14.49	1185	43.7	農・漁・建設	17.5
直　島	直島町	7.8	3397	27.8	製造・漁	29.2

　家族員が総出で働き、雑多な収入を寄せ集めて家計を支える家族多就業構造がみられる場合が一般的である。女木島と男木島の場合、自給用の農業と沿岸漁業による収入を組み合わせる形で生活が維持されてきた。しかし高度成長期以降、瀬戸内臨海部の工業開発に関連した埋立、浚渫事業の影響などで漁獲量は減少、養殖漁業にも失敗し、漁業従事者は減少の一途を辿っている。高齢化がすすんだ現在では、年金と自給用農業の組み合わせが最も広範にみられる生活パターンである。なお、女木島には海水浴場や洞窟などの観光資源があるため、夏の海水浴客を対象とした民宿が数軒ある。

　豊島は1955年に土庄町に編入合併された一部離島である。現在の人口は約1000人、高齢化率は45％程度である。県内の指定離島の中では最も面積が大きく、人口も直島に次いで多いが、他の島々と同様、過疎高齢化の進行は著しい。有害産業廃棄物不法投棄事件で有名な島でもある。

　豊島の地場産業は農業、漁業、石材業である。ため池が豊富でかつては米を島外に移出するなど離島としては例外的に農業の条件にめぐまれた島で、島内の各所に棚田が形成されている。しかし今日では、農業や養殖漁業で一部先進的な取り組みがみられるものの、地場産業は全般的に衰退傾向にある。高度成長期以降、公共事業に関連した建設業も一定の比率を占めるようになったが、近年の財政改革の中でそれも先細りの傾向にある。産業の空洞化と高齢化が相まって、豊島でも年金生活者が人口の主流になりつつある。

　直島は他の島とは異なり、地域の産業基盤が比較的安定した島である。直島には大正6年に三菱マテリアル直島製錬所が進出し、以来、島

民の過半数がマテリアルとその関連企業に職を得ている。いわば三菱の企業城下町ともいえる島である。人口規模も2009年現在で3365人と県内の指定離島の中では最大で、自治体としての独立性を維持している唯一の島である。地場産業として漁業も盛んであり、養殖ハマチの水揚げ高は県下最大を誇る。先述したように、20年ほど前から福武財団も直島で文化芸術事業を展開するようになり、それに伴い観光客数も急増している。今日では、直島は対外的にはもっぱら「アートの島」として知られているといってよいだろう。

　以上のように、直島とその他の3島とでは、島が置かれている社会経済的現状やアートプロジェクトの経験の有無という点で大きな相違がある。島のそのような内部的条件の相違が今回の芸術祭に対する評価をどのように規定したのかを探ることが、今回の調査の焦点の1つである。

3. 調査の方法

　本調査は上記の4島の住民を対象としたアンケート調査（調査票については巻末の資料1を参照のこと）とヒアリング調査からなる。アンケート調査の調査票を作成する際には、勝村他（2008）を大いに参考にした。この論文は、北川フラム氏がプロデューサーを務めた「大地の芸術祭　妻有トリエンナーレ」を事例に、住民の視点からのアートプロジェクト評価とその規定因を解明しようとしたもので、筆者の問題意識とも重なる部分が多い。この先行研究からさしあたって注目しておきたいのは以下の知見である。

1. アートプロジェクトに対する住民評価は、①芸術作品に関する評価と、②地域づくりに関する評価、を区別して分析する必要がある。
2. ①に関しては、住民の現代アートに対する評価は低いものではないが、現代アートが、制作者やイベント主催者の思惑とは裏腹に、サイトスペシフィック（特定地域の歴史や伝統を反映させた）ものであるとの認識はあまりもたれていなかった。
3. 現代アートへの好感度は、職業（専門職）や学歴（高学歴）といっ

た属性的要因とは無関係であり、それよりもプロジェクトに関する事
前説明が十分に行われていたか否かによって規定される部分が大き
かった。
4．②に関しては、「アートプロジェクトが地域に好ましい変化をもた
　らした」と答えた人は3割に満たず、地域づくり事業としての評価は
　高いものではなかった。
5．アートプロジェクトが地域社会に与えた影響という点では、来場者
　のインパクトよりも、住民とボランティアやアーティストとの間で行
　われた交流やそれによって築かれた関係性が大きな意味をもった。

　これらの指摘はいずれも重要なものであり、本調査にも同趣旨の質問
文を盛り込んだ。
　アンケート調査は2011年3月に実施した。実施手順や回収結果は以下
の通りである。
　　豊　　島　選挙人名簿から無作為抽出した150人に郵送で配布・回収。
　　　　　　　有効回収率57.3％（86票）
　　直　　島　電話帳から無作為抽出した300人に自治会を通して配布・
　　　　　　　回収。有効回収率88％（264票）
　　男木島　選挙人名簿から無作為抽出した50人に自治会を通して配
　　　　　　　布・回収。有効回収率76％（38票）
　　女木島　44人に自治会を通して配布・回収。
　基本的には、無作為抽出した対象者に自治会を介して調査票を配布、
回収するという方法をとった。自治会の協力が得られたことで、この手
の調査としては異例の高い回収率が得られた。なお女木島に限り、極度
の高齢化のためサンプリング調査は困難との理由から、自治会の判断で
回答できそうな方を地区ごとに選んでもらった。そのため、女木島の回
答者はやや男性に偏ってしまったが、極度に高齢化が進んだ地域で一定
の票数を集めるためには現実的にやむを得ない処置であったと考える。
なお、本稿末尾に資料として調査票と自由回答結果を載せているので参

照してほしい。

　ヒアリング調査は上記4島の自治会関係者を中心に、①2009年11月、②2010年9月〜11月、③2011年6〜7月の都合3回行った。①では芸術祭の受け入れ準備状況[5]が、②では芸術祭の成果と課題、③ではアンケート調査の結果に関する意見聴取、が主なテーマとなった。これらのヒアリング調査を通して、とりわけ芸術祭が島の定住条件に与えた影響の有無について多くの意見が寄せられた。これはアンケート調査の質問項目には盛り込まなかった事柄であるが、住民の芸術祭評価を規定する大きな要因になっていると思われるので、数量的な分析とは別にこの点についても適宜論及していくことにしたい。

4. 調査結果

（1）属性とコミュニティ・アタッチメント

　芸術祭の評価に関する分析に先立ち、アンケート調査の対象者の基本属性や地域意識の観点から4島の地域特性を示しておきたい。

　下図にみるように、性別では、上述した事情により、女木島で実態よりもやや男性が多くなっている（図2）。年齢は、各島とも実態を概ね反映している。直島と他の島では住民の年齢構成に大きな違いがあること、男木島と女木島の高齢化率が際立っていることがわかる（図3）。

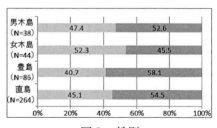

図2　性別

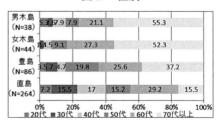

図3　年齢

　男木島と女木島は高齢化のみならず世帯の縮小も顕著であり、単独世帯が男木島では23.7%、女木島では29.5%を占めている。それに対し、直島では単独世帯は8%にすぎず、そのぶん核家族の比率

が高く（35.6%）なっており、他の3島とは異なった世帯構成を示している（図4）。

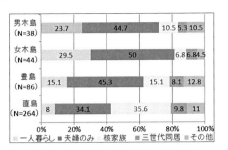

図4　世帯構成

　職業と学歴に関しても、直島とその他の3島の違いが顕著である。男木島、女木島、豊島では高齢化を反映して「年金生活」の占める比率が突出して高くなっているのに対し、直島では「年金生活」と「専門・公務・教員」、「主婦」が比較的均等な分布を示している[6]。学歴では、「短大・高専」以上の高学歴者の占める比率が、男木島、女木島、豊島では6.8〜18.6%であるのに対し、直島でのそれは32.9%であり、大きな差がある（図5、図6）。

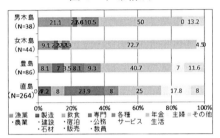

図5　職業

　全体的にみて、男木島、女木島、豊島では、程度の差こそあれ、過疎の農漁村に典型的な属性がみられるのに対し、直島の住民

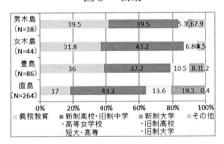

図6　学歴

属性には比較的都市的な特性がみられるといえる。

　続いて、住民の地域への根ざし（コミュニティ・アタッチメント）についてみておこう。アンケート調査では、島内で日ごろ親しくつきあっている人の数（交際量）、島の行事に参加する度合い（行事参加）、島にずっと住んでいたいか（永住意思）、島に愛着があるか（愛着）の4つの質問に対し、4段階の選択肢で回答を求めた。その結果を1点〜4点で得点化し、平均値を算出して図示したものが図7である。

　単純集計値に触れておくと、交際量では「10人以上」が47.7〜57.9%、

行事参加では肯定的回答（「よく
参加」と「まあ参加」の合計値）
が50.8～68.2％、永住意思では肯
定的回答（「ぜひ住んでいたい」
と「まあ住んでいたい」の合計値）
が78.9～90.9％、愛着では肯定的
回答（「大いに愛着ある」と「ま

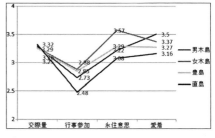

図7　コミュニティ・アタッチメント

あ愛着ある」の合計値）が81.4～86.4％を占めた。離島という地形的条
件に規定されて、4島とも地域における社会関係資源がきわめて豊富で
あり、地域意識も高いことがわかる。

　そのことを前提とした上で地域間の差異をみると、行事参加、永住意
思、愛着に関して、直島のスコアが他の島より低くなっている。行事参
加に関しては島の人口規模が関連していると思われるが、全般的に、直
島では他の島に比べて生活様式の都市化がすすんでおり、そのことが住
民の地域への関わり方にも反映されていると考えられる。

（2）文化事業としての評価

　芸術祭には文化事業としての側面と地域づくり事業としての側面があ
ると上述した。開催地となった島の住民にとって、どちらの側面が重視
されたのか。住民が芸術祭に期待したのは何なのかをみることで、この
点についてみておきたい。

　アンケート調査の結果から、どの島でも過半数の住民が芸術祭に何ら
かの期待を寄せていたことがわか
る（図8）。では、それは何に対
する期待だったのか。この点につ
いて多重回答で答えてもらった結
果を示したのが図9である。

　住民が芸術祭に期待したのは、
多くの観光客が訪れて島に活気

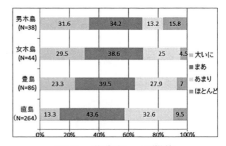

図8　芸術祭への期待

が生まれること（「活気」）であり、次いで、島の魅力を島外に発信すること（「島の魅力発信」）であることがわかる。逆に期待が低いのが、島外の人と交流すること（「交流」）や、身近で芸術作品が鑑賞できること（「作品鑑賞」）で

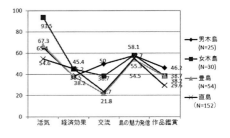

図9　期待の内容（多重回答）

ある。このうち「交流」は、それに対する当初の期待の低さとは裏腹に、住民の芸術祭評価を規定する重要な要因となった。この点については後で詳論する。ともあれ、ここで確認しておきたいことは、「作品鑑賞」への文化的関心よりも、「活気」をはじめとした地域活性化への関心に関わる項目のほうが軒並みスコアが高くなっていることである。島の住民にとって、今回の芸術祭は文化事業よりも地域づくり事業の観点からより大きな関心が寄せられたといえるだろう。

　以上のことを前提とした上で、住民は島に展示された現代アートの作品群をどのように評価したのかについてみておきたい。

　まず、アート作品を気に入ったか否かについて尋ねたところ、男木島で「気に入った」の比率が78.9％と突出して高くなっている。それ以外の島では「どちらでもない」が5～6割で最も多く、次いで、「気に入った」がおよそ4割を占める。「気に入らなかった」の比率はどの島でもきわめて低い。全体的には、現代アートはよくわからない（「どちらでもない」）という反応を基調としつつも、基本的には好意的に受けとめられているといえるだろう。なお、意外なことに、アートのまちづくりで実績のある直島でアート作品に対する好感度が相対的に最も低くなっている（図10）。

　今回の芸術祭では、地域の景観や文化と調和したサイトスペシフィックな作品制作が目指された。そこで、アート作品が地域の歴史文化を表現していると感じたか否かを尋ねた。その結果が図11である。「そう

思う」と答えた人の比率は男木島
で42.1％とやや高くなっているも
のの、他の島では20〜30％にすぎ
ず、特に女木島でスコアが低く
なっている。全体的に、アートに
対する好感度の数値との間には
少なからぬ落差がみとめられる。
アート作品は住民から比較的好意
的に受けとめられた一方で、島の
表現媒体としては必ずしも有効に
は機能しなかったといえる。この
ことは、現代アートはサイトスペ
シフィックなものでなくてもそれ
なりに気に入られていることを示
しているともいえるが、住民が芸
術祭で「島の魅力を島外に発信す

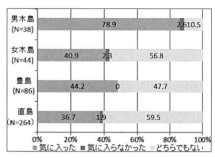

図10　アート作品の評価

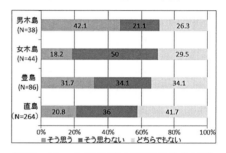

図11　アートは地域の歴史文化を反映

る」ことに高い期待をもっていたことを鑑みるなら、反省が求められる
結果ともいえる。なお、付け加えるなら、今回の芸術祭では 2 日間の期
間限定で各島のアートが見放題のフリーパスが販売された。そのため
アートだけを駆け足で観て回る観光客が少なくなく、住民からはもっ
と島の自然や生活をゆっくり味わってほしかったとの意見が聞かれた。
アートを鑑賞するだけでなく、アート鑑賞の機会を通じて島の魅力を
知ってほしいという住民の要望は決して弱いものではない。アンケート
調査の自由記述欄に寄せられた以下のようなコメントには真摯に耳を傾
ける必要があろう。
「 2 年後にもぜひ男木島を会場にしてもらいたいと思います。又、島の
文化や歴史を表現しているような作品があれば島民の愛着ももっと沸く
と思います。」　　　　　　　　　　　　　　　　（男木島　70代以上　男性）
「豊島は一泊してもらって、ゆっくりしてその生活を理解してもらえる

ところではないかと思います。芸術作品もよいのですが、島の普通の暮らしぶりを味わって頂きたいと思います。」　　　　　（豊島　60代　女性）

　アート作品に対する住民の評価を規定している要因はどのようなものなのか。勝村他（2008）ではこの点に関し、職業や学歴といった属性的要因が関連性をもっていないこと、芸術祭に関する説明が行われたか否かが大きな規定力をもったことが指摘されているが、本調査でも概ねそのことを追認する結果となった。

　まず属性的要因であるが、本調査の調査対象地は越後妻有のケース以上に過疎高齢化が進んでおり、一般に現代アートに関心をもちそうな専門職層、高学歴層の比率はきわめて限られる。先述したように、職業における「専門・公務・教員」、最終学歴における「新制大学・旧制高校・旧制大学」が統計的分析に耐えるだけの比率を占めているのは直島のみである。しかしながら、作品鑑賞への期待度やアートへの好感度はむしろ直島のほうが他の島よりも低く、他の島でも職業や学歴はアート評価と関連性を有していなかった。なお、現代アートに関連して属性による有意差がみられたのは性別で、女性の方が男性よりも作品鑑賞への期待度や実際に作品鑑賞を行った度合いが高い傾向がみられた。

　次に、事前に芸術祭の説明を受けたか否かとの関連である。この点について尋ねた結果が図12で、芸術祭の周知度と島の人口規模が逆相関する関係を示しており、人口規模の大きな直島では周知があまり行き届かなかったことがわかる。また、聞き取りによれば、男木島、女木島、豊島では今回のようなアートプロジェクトは初めての経験であり、そのため実行委員会や自治会は住民説明会に力を入れたのに対し、直島ではこれまでの経験があることから逆に特別の周知対策は行われず、町の広報誌による連絡にとどまったようである。

　この事前説明の項目とアート作

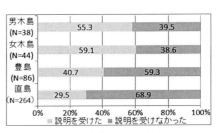

図12　事前説明の有無

品の評価をクロス集計した結果が表3である。男木島、豊島、直島で、事前に芸術祭に関する説明を受けた人の方が、アート作品に対する評価が有意に高くなっていることがわかる。アートに対する住民評価には、アートに対する関心や造詣とは別に、地域内で対面的な周知や情報交換（コミュニケーション）が行なえる社会的条件が整っているか否かが大きな意味をもつといえるだろう。地域規模が小さく共同体的性格が濃厚な男木島と、地域規模が大きく比較的都市化が進んだ直島とでは、この点で少なからぬ条件の違いがあり、そのことがアートに対する評価を分ける要因になったと考えることができる[7]。

　以上の点に加えて、以下の点をつけ加えておきたい。第1に、島の大きさや島内におけるアートや集落の分布状況も住民のアート評価に影響を与えたと考えられる。男木島の面積は小さく、かつ島内の狭いエリアに住宅が密集している。アート作品は人家の密集地区に展示されたため、ほとんどの住民は身近にすべてのアートに接することになった。他方、他の島は面積が相対的に大きく、集落も島内に分散しているため、住民が一様に同じようにアートに接する条件は供されなかった。アートそのものの質や住民の関心の度合いとは別に、展示場へのアクセスを規定する地形的、交通的要因が住民評価に影響を与えた面も無視できない。

　第2に、そしてこのことを特に強調しておきたいのだが、アーティストへの制作協力やボランティア（こえび隊）との交流がアート評価に与えた影響である。表4は、芸術祭にどのような関与を行ったかについて尋ねた結果である。全体的に男木島のスコアが高く、中でも「（アーティストへの）制作協力」や「こえび隊の補助」で突出した高スコアを示している。先にみた男木島でのアート評価の高さは、このこととの関連で理解されるべきである。男木島では乳母車（「お

表3　事前説明の有無とアート作品評価の関連

		気に入った	気に入らなかった	どちらでもない
男木島*	説明あり（N＝19）	100	0	0
	説明なし（N＝15）	66.7	6.7	26.7
豊島**	説明あり（N＝34）	64.7	0	35.8
	説明なし（N＝45）	35.6	0	64.4
直島*	説明あり（N＝76）	48.7	2.6	48.7
	説明なし（N＝179）	31.8	1.7	66.5

ん ば 」) を
使ったアー
トなど住民
にも親しみ
やすいアー
トが比較的

表4　芸術祭への関与（多重回答）

	作品見学	制作	観光客の案内	こえび隊の補助	イベントへの参加	資材の提供	特に関与せず
男木島 （N=38）	51.4	24.3	35.1	24.3	40.5	35.1	24.3
女木島 （N=44）	77.3	9.1	31.8	13.6	36.4	9.1	36.4
豊　島 （N=86）	65.1	7	20.9	8.1	25.6	9.3	30.2
直　島 （N=264）	47	1.9	24.6	4.5	22.7	2.3	40.5

多く制作され、かつ制作過程でアーティスト、こえび隊、住民との間で
活発な交流が行われた。このような交流を通してアート作品を身近に感
じられるようになったこと、あるいは自分が芸術作品の制作に関わった
ことへの自負が、現代アートへの肯定的評価を生みだしたと考えられる。

　逆に、直島では既存の美術館でのアート展示や新美術館の建設事業が
中心となり、住民がアーティストやボランティアと交流する機会はほと
んどなかった。直島に展示されたアートは芸術作品としては最もクオリ
ティの高いものであるが、アートに対する住民の評価が最も低くなって
いるのは、そのことが影響していると考えられる。女木島では、設置さ
れたアートが住民にとっては難解なものが多く、島の高齢者が手伝える
ような作業も少なかったため、アーティストとの親密な関係は生まれに
くかった。豊島では集落によってアーティスト（およびボランティア）
と住民の関わり方に少なからぬ差があった。例えば、豊島の甲生地区は
島で最も過疎高齢化が進んだ集落であるが、アーティストが長期にわ
たって滞在し、住民と親密な交流を繰り広げたため、住民のアート評価
は他の地区に比べて高いものとなった。

（3）　地域づくり事業としての評価

　既述のように、住民は芸術祭に対して芸術作品の鑑賞機会としてより
も地域活性化への期待という観点から関心を寄せていた。では、実際に
芸術祭は地域生活にどのような影響を与えたのであろうか。

【地域生活への影響】

　まず、芸術祭が島の生活に及ぼした影響を、来場者による活気、経済

効果、交流への関心、島への愛着、島づくり活動の5つの側面について
みておこう。

「多くの観光客が訪れて島に活気がでた」に対する肯定的回答（「大
いにそう思う」と「まあそう思う」の合計。以下、同じ）の分布幅は
68.2％～86.9％であり、どの島でも総じて高スコアである。活気や賑わ
いの創出という点で、芸術祭は当初の期待通りの成果をもたらしたとい
える（図13）。相対的な順位をみれば、男木島でスコアが高く、直島や
女木島でややスコアが低くなっている。現実の来場者数は直島が圧倒的
に多かったのに（期間中の来場者数は、直島29万2千人、豊島17万5千
人、女木島10万人、男木島9万7千人）、住民の活気の感じ方はそれを
反映していないことがわかる。単なる来場者の数ではなく、上述したよ
うな島の地形的条件や来場者との交流の有無が、「活気」の主観的認知
に影響を与えたと考えることができる。

「芸術祭で島に経済効果がもたらされた」に対する肯定的回答の分布
幅は29.6％～71.9％である。全体
的に当初の期待（図9参照）より
も数値が高くなっているが、島間
でスコアの開きが大きい結果と
なっている（図14）。

スコアが高いのが男木島と直島で
ある。直島では芸術祭の開催を見
越して民宿が新たに20軒ほど開業
した。また、海の駅の特産品販売
や新たに建設された銭湯の集客も
好調で、芸術祭開催期間中のこれ
らの総売り上げは1億円に達した。

男木島では男木交流館という施
設が建設された。この施設はもと
もとアートとして建設されたもの

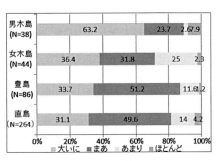

図13　活気

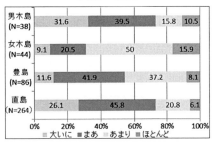

図14　経済効果

であるが、船の待合所や軽食販売所としても利用されており、施設の管理運営は市に雇用された島民に委ねられている。これは、芸術祭を単なる観光客のためのイベントに終わらせず、住民の生活利用にも供するものを残してほしいという自治会長の強い働きかけで実現したものである。期間中は住民15名ほど（ほとんどが女性高齢者）がローテーションを組んで慣れない客商売に奮闘し、400〜500万円ほどの売り上げをあげた。

　上記二島に次ぐのが豊島で、豊島でも飲食店や宿泊施設が新たに数軒オープンした。

　目立ってスコアが低いのが女木島である。女木島では芸術祭は一過的なお祭り騒ぎにすぎないという受けとめ方が支配的であったようで、飲食店や宿泊施設の新規開店はみられなかった。

　芸術祭を経験したことで「島外の人々と交流することに関心が高まった」に対する肯定的回答は45.9％〜84.2％の幅で分布している。これは当初の期待とくらべると格段に高い数値であり、芸術祭は「交流」に関して期待を大きく上回る成果をもたらしたといえる。島別にみると、男木島でスコアが高く（84.2％）、直島で低い（45.9％）結果となっている（図15）。先述したように、男木島ではアートの制作協力や交流館での販売活動を通して活発な交流がみられたのに対し、直島では美術館での作品展示が中心になり、島外の人々との交流の機会が乏しかったことが関係していると推察される。

　芸術祭を経験したことで「自分の島に対する愛着が強まった」と感じている人は61％〜81.6％で分布している（図16）。全体的にスコアは高く、多くの来場者やマスコミ報道を通じて対外的な注目を浴びたことが、自分の地域への愛着や誇りを高める作用をもたらしたと推察できる。しかし他方で、対外的な知名度が最も高い直島でスコ

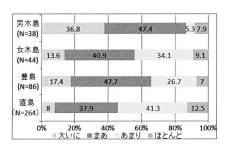

図15　交流

アが最も低くなっており、住民の
島への愛着が対外的な周知度だけ
によって規定されているわけでも
ないことを示唆する結果となって
いる。

　芸術祭を経験したことで「住民
による島づくり活動が活発になっ
た」と感じている人は、男木島、

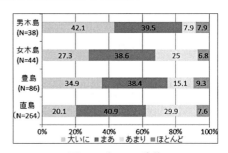

図16　島への愛着

豊島、直島では53.5％〜65.8％を占めている。男木島で活発な活動が展
開されたことは既述の通りだが、豊島でも今回の芸術祭を機に豊島観光
協会が起ち上げられ、戸惑いや混乱をともないつつも、島の活性化に向
けて試行錯誤の取り組みが試みられた。直島では、聞き取りによる限り、
新たな住民活動の展開はみられなかったが、飲食店や民宿の増加、特産
品売上額の増加といった経済面での成果が島づくり活動の進展としてイ
メージされたのかもしれない。いずれにせよ、これらの島では芸術祭が
地域の住民活動に対して一定の活性化効果をもたらしたと受けとめられ
ている。それに対し、女木島のスコアは27.3％と目立って低くなってお
り、芸術祭と住民活動の接点があまりなかったことがわかる（図17）。

　なお、交流に関しては、意識の変化だけでなく、実際に知り合いがで
きたかどうかについても尋ねた。芸術祭で「新しい知り合いができた」
と答えた人の割合は、男木島で顕著に高く（78.9％）、直島で低くなっ

ている（26.1％）（図18）。続いて、
「新しい知り合いができた」と答
えた人に、「誰と知り合いになっ
たのか」を多重回答で尋ねた結果
が図19である。男木島、女木島、
豊島では、観光客、アーティス
ト、ボランティア（こえび隊）が
比較的均等に分散していることが

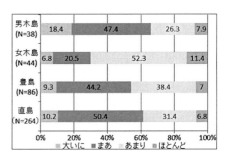

図17　島づくり活動

わかる。来島者の人数という点で
いえば観光客が圧倒的多数を占め
るが、実質的な交流の有無という
点でみれば、アーティストやボラ
ンティアの存在が大きくクローズ
アップされてくることがわかる。
他方、直島では施設展示が中心と
なり、ボランティアやアーティス
トが介入できる余地が少なかった
ため、知り合った人が観光客に特
化する傾向がみられる。なお、直
島や豊島は人口規模や面積が相対
的に大きいため、今回の芸術祭で
島内の人と新たに知り合いになる
ケースも少なからずみられたよう
である。

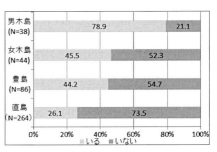

図18　新たな知り合いの有無

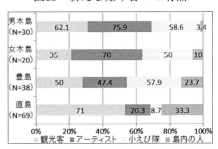

図19　誰と知り合いになったか（多重回答）

　これまでの分析をまとめるなら、芸術祭は、当初の期待通り、まず
もって活気や賑わいの創出という点で大きな成果をもたらした。対外的
な交流への関心の喚起という点では男木島で当初の期待をはるかに上ま
わる成果がみられたが、直島での成果は限定的であった。また、交流に
関しては観光客以上にアーティストやボランティアが果たした役割が大
きかったことが明らかになった。経済効果に関しては男木島と直島で相
対的に大きな成果がみられたが、女木島での成果は乏しかった。地域へ
の愛着に関しては、総じてそれを強める効果がみられた。芸術祭は島づ
くりに対しても一定の活性化効果をもたらしたが、女木島での効果は限
定的であった。

　島別にみるなら、芸術祭が島の住民生活に与えた影響は、経済的側
面、社会的側面のいずれにおいても、男木島で最も大きかった。直島で
は経済面で相対的に大きな成果がもたらされたが、対外的交流に対する

影響は希薄であった。豊島での影響評価は総じて4島の中で中間的な位置づけにあるが、当初の期待との関係でいえば、全体的にそれを上回る効果がみられたといえる。芸術祭が住民生活に与えた影響が最も少なかったのは女木島で、特に経済効果や島づくりに関するスコアは他の島と比べて目立って低かった。

【全体的評価とその規定因】

　では、芸術祭に対する住民の全体的な評価はどのようなものなのか。

　「全体的にみて、芸術祭が島に好ましい変化をもたらした」と感じている住民の比率は男木島で顕著に高く（76.5％）、逆に、女木島（29.5％）と直島（32.6％）で相対的にスコアが低くなっている（図20）。

　続いて、次回（3年後）も自分の島で芸術祭を開催したいかを尋ねたところ、肯定的な回答は男木島で高く（73.7％）、直島で低い（33％）という結果となった（図21）。

　越後妻有の大地の芸術祭（勝村他 2008）と比較して、瀬戸内国際芸術祭に対する住民の評価は全体的に高いこと、しかし島によって評価にかなり大きな差異が生じていることがわかる。評価が最も高いのは男木島である。女木島と直島はともに今回の芸術祭に対する評価スコアが低いが、次回の開催意向に関してみれば、女木島ではスコアの上昇がみられるのに対し、直島のスコアは一貫して低くなっている。このことから、今回の芸術祭に対して直島で最も厳しい評価がみられるといえる。

　このような評価はどのような要因によって規定されているのか。

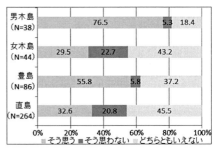

図20　芸術祭は島に好ましい変化もたらした

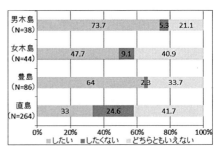

図21　次回の開催

　先にみた、芸術祭が地域生活に与えた影響に関する結果と重ね合わせると、経済効果が最も大きかった直島で全体的な評価が最も低くなっていることから、経済効果の有無が芸術祭の評価に与えている影響は限定的であるといえる。県の事業評価では経済効果の観点が強調される傾向にあったが、住民評価の規定因はそれとは別の要因を探る必要があるといえるだろう。

　この点で一貫性をもった規定力がみとめられたのは、芸術祭への関与の有無と、芸術祭で知り合った人の有無である。どの島でも「芸術祭に特に関わらなかった」と答えた人は「芸術祭が島に好ましい変化をもたらした」と感じている度合いが低い傾向がある（表5）。逆に言えば、芸術祭への参加度が高いほど、芸術祭に対する評価は高くなる傾向にあるといえる。また、芸術祭で知り合った人がいる人の方が、芸術祭の地域生活への影響を肯定的に評価する傾向が強い（表6）。対外的な社会的交流の有無が、アート作品の評価のみならず、芸術祭の全体評価も規定していることがわかる。

　以上のことは、次回の開催意向についても確認できる。男木島、豊島、直島では、芸術祭に特に関与しなかった人は、次回の開催について消極的な傾向がある（表7）。直島と男木島では、芸術祭で知り合いができた人が、次回の開催により積極的な意向を示している（女木島と豊島でも、統計的な有意差はないが、同様の傾向がみられる）（表8）。

表5　芸術祭への関与の有無「好ましい変化」との関連

	特に関与せず		F値
男木島	該当	2.22	10.70**
	非該当	2.86	
女木島	該当	1.69	8.03**
	非該当	2.31	
豊島	該当	1.62	11.15**
	非該当	2.36	
直島	該当	1.9	16.12***
	非該当	2.26	

表6　知り合った人の有無「好ましい変化」との関連

	知り合った人		F値
女木島	いる	2.45	12.64**
	いない	1.73	
豊島	いる	2.47	9.66**
	いない	1.83	
直島	いる	2.46	21.22***
	いない	2	

　住民とボランティア（こえび隊）の交流について補足しておきたい。強調しておきたいことは、住民とボランティアの交流は芸術祭終了後も継続されていることである。こえび隊はもともと芸術祭の準備・運営のためのボランティアとして組織されたものであるが、住民との接触を通じて次第に島の生活にも目が向けられるようになり、各種の地域行事（草刈や文化祭等）の手助けをしようとする動きが自然発生的に生じるようになった。しかし芸術祭期間中はアート作品の管理や観光客への対応に忙しく、島民と交流する時間的余裕はなかなかもてなかったそうである。そのため、むしろ芸術祭が終了した現在のほうが、住民とボランティアの交流は活発化しつつある。島では過疎高齢化による人手不足が深刻であるため、これらボランティアによるちょっとした支援が地域行事の維持に果たしている役割は意外に大きなものがあり、島民からも好意的に受けとめられている。先にみたように、芸術祭によって「島づくり活動が活発になった」とする意見が過半数を占めたこと、あるいは芸術祭に対する全体的評価にしても、ボランティアとの交流が継続されていることによって規定されている面が少なくないと推察される。芸術祭の開催前には住民の対外的交流に対する期待は低かったことを鑑みるなら、それが事業評価の大きな規定因となったことは予期せざる結果であったといえるが、ともあれボランティアの島への関与が芸術祭の期間に限定されることなく持続し、日常的な地域活動への支援へと活動の幅

表7　芸術祭への関与の有無
　　　次回の開催意向との関連

		特に関与せず	F値
男木島	該当	2.33	4.55*
	非該当	2.79	
豊島	該当	2.42	5.09*
	非該当	2.7	
直島	該当	1.8	27.01***
	非該当	2.27	

表8　知り合った人の有無
　　　次回の開催意向との関連

		したい	したくない	どちらでもない
男木島*	いる（N=30）	80	0	20
	いない（N=8）	50	25	25
女木島	いる（N=20）	65	5	30
	いない（N=23）	34.8	13	52.2
豊島	いる（N=38）	73.7	0	26.3
	いない（N=47）	57.4	4.3	38.3
直島***	いる（N=69）	59.4	11.6	29
	いない（N=193）	23.8	29.5	46.6

* p <.05　** p <.01　*** p <.001

を広げつつあることは、今回の芸術祭が島にもたらした最も大きな成果として正当に評価しておく必要があろう。

（4）定住条件への影響

　最後に、芸術祭に対する住民評価の規定因として、芸術祭が島の定住条件に与えた影響についても触れておきたい。定住条件とは、地域に人が住み続ける上で必要な生活要件を満たすための制度的、施設的条件のことである。産業、教育、医療、交通といった生活要件の充足がそれにあたり、これらがある程度トータルに充足されないと、生活の維持、再生産は困難になる。この定住条件の面で離島はきわめて脆弱な立場に置かれており、それへの政策的対応が長年にわたり懸案とされてきた。今回の芸術祭は離島振興事業そのものではない。しかしイベント目標に離島の活性化が掲げられ、事業の実施にあたって県をはじめとする各種行政・公共機関の介入がみられたことで、芸術祭と離島振興事業の関連を問う（あるいはそのような観点から芸術祭の成果を評価しようとする）住民の声がヒアリング調査やアンケート調査の自由記述欄から少なからず聞かれた。芸術祭と定住対策との関連について論じておきたいのもそれゆえである。

　定住条件に関わる成果として指摘しておきたいのは、男木島に建設された男木交流館である。既述のように、この施設はもともとアートとして建設されたものであるが、自治会の強い働きかけで住民の恒久的な生活利用にも供されることになった。男木島ではそれまで船着場に待合室がなく、雨が降ると吹きさらしになることに悩まされてきたが、交流館が建設されたことでこの問題が解決された。施設の管理運営も住民に委ねられることになり、それに関連した雇用が島にもたらされることになった。今回の芸術祭で男木島では施設建設による定住条件の改善という点で確実な成果がみられ、そのことが住民の芸術祭評価に影響を与えたことは間違いない。

　しかしそれ以外の点では、芸術祭が島の定住条件に与えた影響は限定

的であった。

　島の地場産業への影響という点でいうと、まず農業に関しては豊島の「食プロジェクト」が注目を浴びた。豊島は今回会場となった島の中では最も農業条件にめぐまれた島である。「食プロジェクト」はこの豊島を舞台に取り組まれた事業で、荒れがちな棚田を整備し、島の食材を用いたレストランを開店することを通して、現代日本の「食」を見直すことが狙いとされた。この取り組みは島の自給農家に多少の販路開拓をもたらし、また棚田整備に関しては国の緊急雇用対策事業を活用して若干の雇用が発生した。島にいる数少ない専業農家の一軒が島の自営商店と協力して新たに飲食店を開業するという成果もみられた。しかし「食プロジェクト」に供される食材は少量であり、島の農業の再生につながるほどの起爆力はもっていない。棚田の整備も景観としての農をアピールすることが主眼とされており、生業としての農業基盤の強化とは必ずしも結びついていない。その一方で、多数の観光客の来訪が農作業の妨げになったとの意見が豊島に限らず散見された。

「私達は皆農家なのでそれぞれ畑仕事があります。芸術祭でいくら観光客が来られても交流したりお話したりする時間はありません。日々の仕事で追われて毎日クタクタです。昨年夏は　特に暑かったのでウロウロ歩く客が目障りでした。」　　　　　　　　　（女木島　70代以上　女性）

　漁業に関しては、男木島で特産のタコを用いたタコ飯が販売され、盛況を呈した。当初は尻込みしがちであった住民たちもこの事業の成功で自信を得、男木島では現在、新たに魚の干物の製造、販売事業の立ち上げが検討されている。しかし他方で、水揚高で男木島を大きく上回る女木島や直島では漁業と観光の連動はみられなかった。これらの島では、水揚げされた漁獲物は県漁連を介して主に首都圏に向けて一括大量出荷されている。地元の飲食店用に小口販売することは、収益面のリスク（売れ残り等）を考えるときわめて難しい。男木島で上記のような取り組みの検討が可能になったのも、男木島の漁業が最も零細化しているか

らという逆説的な見方もできなくない。いずれにせよ、観光と漁業の連動や地域内循環に対する障壁として大量出荷方式の流通システムの問題があらためてクローズアップされることになったといえる。

　生活交通への影響については、以下のようなことが指摘できる。

　第1に、芸術祭の期間中、航路事情の改善が図られた。会場となった各島で航路の新設、増便がみられ、高松と女木島、男木島を結ぶ航路では高松市の助成によって運賃の大幅割引が実施された。離島航路は島民にとって生活の生命線をなすが、いわゆる不採算航路であるため便数や運賃面での条件はきわめて悪い。そのため今回の航路対策は島民にも歓迎され、積年の課題とされてきた航路事情の改善に期待を抱かしめるものとなった。しかしそれはあくまでも観光客の搬送を主目的とした期間限定の特別対策であり、芸術祭の終了後、多くの航路で便数、運賃は元に戻された。そのことは、結局今回の航路対策が離島振興ではなく観光振興のためのものであったことを逆に印象づけることにもなり、島民に落胆や反発を惹起した面もある。

「年金生活ですので芸術祭の時ぐらい船賃を安くしてほしいです。病院行くにも高く心配です。」　　　　　　　　　（男木島　70代以上　女性）

「芸術祭には大勢の方達が来られ、とても活気のある村になりました。今後も男木を気に入ってもらえ、定住してくれる方が居られる事を望みます。船の運賃、芸術祭の時のように安くしてもらいたいものです。」
　　　　　　　　　　　　　　　　　　（男木島　70代以上　女性）

　なお、つけ加えておくなら、今回多数の来場者があったことで、海運会社の売り上げは例年に比べて大幅に伸びた。そこで直島では自治連合会が収益の一部を地域に還元（運賃値下げなど）するよう交渉が行われた。しかし海運会社側は、燃料費の高騰で現行の運賃を今後も維持できるかわからないため、今回の増収分はそのための保険にまわさせてほしいと回答、自治会側も了承し、運行条件の変更は行われなかった。豊島のフェリー会社も例年に比べれば大幅な増収があったが、それでも経営

的な採算はとれておらず、運行条件の改善どころかさらなる経営合理化が検討されている。フェリー利用者の一過的な増加などでは如何ともしがたいほど、離島航路が厳しい経営条件に置かれていることが逆に再確認されたといえる。

　第2に、島内の交通対策についてである。期間中、直島と女木島では港と作品会場を結ぶバス路線の増強が行われたが、これは観光客の運送を目的としたものであり、島民の生活利用には影響をあたえていない。注目されるのは豊島である。豊島ではそれまで日に2便の福祉バスしか公共交通手段がなかったが、芸術祭を機に、土庄町が島内を循環するシャトルバスを整備した。期間中、豊島では福祉バスとシャトルバスが走り、島内の交通事情は大きく改善した。土庄町は芸術祭終了後もシャトルバスを存続させることを決定。しかしその代わり、福祉バスは廃止された。シャトルバスの導入により運行本数は以前よりも大幅に増え、また関連する雇用（運転手）も発生した。しかし他方で、福祉バスでは無償であったバス料金が有料化されたこと、運行ダイヤが島民の生活利用よりも観光客の利用便宜にあわされていることなどから、シャトルバスに対する住民の評価は賛否が分かれている。

　最後に、これは当初から予測されていたことであるが、大量の来場者が船を利用したことで混雑や積み残しがしばしば発生した。島民の生活交通（通勤、通院、買物）が観光利用によって妨害されたことへの不満も、アンケート調査の自由記述で数多く聞かれた。

「当初の予想を上回る観光客の数で、「島」が対応できていなかった。民間の会社とは言え、四国汽船は島民の足であり、「医」の部分で利用する事、通学に利用する事がほとんどである。芸術祭中は海の交通の便が悪くなり、島の交通に支障をきたし、大きな声で誘導される住民の不満は日を追うごとに増大しました。それを除けばすばらしいお祭りで、とても誇りに思っています。これから先も続けてほしいと思います。船の移動は住民の生活です。」　　　　　　　　　　（直島　40代　女性）

　以上のように、今回の芸術祭が島の定住条件に与えた影響はきわめて限定的であった。繰り返し述べてきたように、芸術祭は離島振興事業そのものではない。しかしそれが離島の活性化も事業目標の１つに掲げている以上、まったくの無関係とも言い切れない側面がある。アンケートで下記のような意見が散見されたことは重く受けとめるべきであろう。交流・観光事業と定住対策の関係を制度的にどう位置づけるかは、今後の開催にあたって問われるべき重要な検討課題である。

「終わっても後日につながる物がない様に思う。一時的な事だけではいけない。何かを残すことがあればよかった。何かわからないけど。」

（豊島　60代　女性）

「芸術祭開催中は日ごろ静かな島に大勢の人が訪れとても賑やかでした。三ヵ月間は船が増便して、運賃も安くなり、生活も少々活気がありました。が、終わったら島民のために何が残ったでしょうか。経済効果？それは大勢の人を運んだ海運会社と島外の飲食業社ではないでしょうか。それも島民は後回しにされたように思います。」

（女木島　70代以上　女性）

5. まとめに代えて

　直島と他の３島とでは、島の産業基盤や行財政的条件、学歴や職業などの住民属性、アート事業の経験の有無といった点で大きく異なっている。そのため、当初筆者は芸術祭は直島で比較的スムーズに受け入れられ住民の理解も得やすいだろうと予想した。逆に、高齢者が多く、地域の社会経済的条件が脆弱で、アート事業の経験も皆無な他の３島では、住民の混乱や反発が大きいのではないかとの想定があった（室井 2010）。しかし、むしろ結果は逆であった。以下、分析から明らかになった要点を整理し、若干の提言を行っておきたい。

【社会的交流と地域づくり】

　芸術祭に対する住民評価を規定した最大の要因は、対外的な交流の有無である。近年ではかつてのリゾート開発型観光が批判的に見直され、

ツーリズムにおいて交流やふれあいといったソフトな要素が重視される傾向があるが、そのような要素はホスト側の地域社会でも重要な意味をもつことが明らかになった。ただし交流の内実に関してみれば、アーティストやボランティアが果たした役割が大きく、観光客との交流は相対的に希薄であった。住民と観光客との望ましい関係をどう構築していくかは、今後に残された課題といえる。住民とボランティアとの交流に関していえば、交流が芸術祭終了後も継続し、かつ活動内容も芸術祭絡みの事業に特化せず広く地域行事の支援へと幅を広げつつあることが注目される。このことは今回の芸術祭の最大の成果として正当に評価されるべきであろう。

【県の事業評価との齟齬】

　逆にいうと、経済効果の有無が住民の芸術祭評価に与えた影響は必ずしも大きなものではなかった。このことは県の事業評価との対比で捉えておく必要がある。県の事業評価で重視されたのは何よりも地域経済への効果であり、かつそこで想定されている「地域」は主に香川県全域のことであって、離島という地域へのまなざしは副次的であった。この点で、県と住民の間には芸術祭の地域事業としての捉え方に少なからぬ齟齬があったように思う。アートプロジェクトで「地域の活性化」が目指される際、対象とされている地域とはどこのことなのか、活性化とはどういう意味なのか。今後のイベント開催にあたっては、ステークホルダー（利害関係者）間でこの点に関する認識の共有が図られるべきである。

【定住対策との関連】

　上記の点とも関連するが、今回の芸術祭が島の定住条件に与えた影響は、男木島の交流館の件を除けば、きわめて限定的であった。もっとも、そのことをもって芸術祭を否定的に評価することも難しい。芸術祭のような形での離島活性化事業と、従来的な離島振興事業の関係が不分明であるからである。もちろん、芸術祭のようなアートイベントに法的な位置づけはない。しかし、自治体の創意と工夫で両者の間に何らかの関連性をもたせることは可能であるように思う。いずれにせよ、次回の

開催にあたっては芸術祭と定住対策との関連が自覚的に問われるべきである。そしてこの点で前提となるのが、離島住民の芸術祭に対する要望の汲み取りである。今回、芸術祭を企画推進するにあたり大規模な実行委員会が組織されたが、そこに会場となった離島は入っていない（表1参照）。離島が帰属する自治体はメンバーに含まれているが、一部離島の場合、離島と自治体の社会的距離は大きく、離島の要望が自治体の参加によって反映される保証はない。事業の実施にあたっては通常以上に島民負担（生活交通への支障やごみ処理等）が強いられることを鑑みても、島民（具体的には、島の自治連合会）が実行委員会の正当な構成メンバーに位置づけられ、単なる動員や協力ではなく、事業の企画段階からの参加が制度的に保証されて然るべきではないか。

【離島のサステナビリティと観光】

　これまでの分析で、今回の芸術祭は男木島で最も大きな成果をあげた一方、直島での成果は乏しかったことを強調してきた。しかし地域のサステナビリティ（持続可能性）という観点からみるなら、最もその条件に恵まれているのは直島であり、逆に条件が厳しいのが男木島や女木島である。その意味では、男木島で成果が大きかったことを手放しで褒め称えることはできないし、逆に直島で芸術祭の評価が低かったことが安易に批判されるべきでもないだろう[8]。離島の住民にとって何よりも重要なことは、島での安定した生活が維持されることなのである。見方を変えるなら、あえて観光に頼らなくても生活できる地域こそが本来的には望ましいという言い方も出来よう。現実はそう単純なものではないが、観光や交流を地域づくりの貴重な機会として受けとめる一方で、そればかりに過度な期待を寄せるのではなく、地域の既存の産業的条件や生活課題との関連を視野に入れてそれを相対化するというスタンスも重要である[9]。ホスト社会の住民にとって、観光・交流事業は定住対策に取って代わるものではなく、定住対策を補完する役割を担うことで初めて意味をもつのである。

注

1）こえび隊（ボランティア）には39都道府県からの参加があった。割合でみると香川県（38.5％）と岡山県（16.5％）が多くを占めるが、首都圏や関西圏からの応募も少なくなかった（東京都9.5％、大阪府6.0％、兵庫県5.5％など）。これら遠方からのボランティアには、芸術祭期間中、高松市内に寮が無料で開放されるなどの便宜が図られた。

2）県の芸術祭所轄局（瀬戸内国際芸術祭推進室）は文化振興課ではなく観光振興局に置かれたことも、県が芸術祭を文化事業というよりも観光事業（あるいは経済政策）として捉えていたことを裏づけるものであるといえる。

3）日本銀行高松支店の試算によれば、今回の芸術祭が香川県にもたらした経済効果はおよそ111億円であり、旅客輸送に関わる交通産業の他、特に高松港周辺の宿泊業、飲食業で収益が発生したと推定されている。なお、実行委員会が実施したアンケートによれば、来場者の平均宿泊日数は1.94泊であり、前年度の1.3泊に比べて大幅に増加した。その一方で、芸術祭の来場者で県内の他の観光地も訪れたと答えた人はおよそ4分の1にすぎず（瀬戸内国際芸術祭実行委員会 2010）、他の観光地への波及効果の少なさが課題とされた。

4）芸術祭終了後、県は展示会場となった島の住民を対象に芸術祭の事後評価に関するアンケート調査（回答数513名）を実施している。しかし調査結果については全体的な単純集計結果が提示されたのみで、島間の比較や評価の規定因に関する分析が一切行われていないなど、不十分な点が多いといわざるを得ない。

5）会場となった島々の芸術祭開催前の受入準備状況に関してまとめたものとして、室井（2010）を参照のこと。

6）直島の「専門・公務・教員」は23.9％にのぼっているが、これには製造業の技術職や看護・福祉関係職への従事者が少なからず含まれると推測される。

7）事前説明の有無は、住民の芸術祭への関与を規定する大きな要因ともなった。次の表にみるように、男木島、豊島、直島で、芸術祭について事前に説明を受けた人のほうが、そうでない人よりも、芸術祭に積極的に関与したことがわかる。

8）直島については、次回の芸術祭が住民にとってより有意義なものになるような工夫が検討されるべきであると考えるが、他方では、今回直島でみられた芸術祭に対する評価（関心といってもよいのかもしれない）の低さは、あえて観光に頼らなくても地域生活が維持されている証しとしてむしろ肯定的に評価できる側面もあるように思う。直島で芸術祭への関与度が低かったの

事前説明の有無と芸術祭への関与

		制作協力*	イベント*** 参加	資材提供*	関与せず*
男木島	説明あり（N=19）	0.38	0.67	0.52	0.1
	説明なし（N=15）	0.07	0.07	0.13	0.47

		作品見学**	制作協力*	イベント** 参加	関与せず**
豊島	説明あり（N=34）	0.83	0.14	0.43	0.11
	説明なし（N=45）	0.53	0.02	0.14	0.43

		制作協力*	観光客*** 案内	イベント*** 参加	関与せず***
直島*	説明あり（N=76）	0.05	0.35	0.46	0.14
	説明なし（N=179）	0.01	0.2	0.13	0.52

*p＜.05 **p＜.01 *** p＜.001

　も、住民が関与できるアート展示が少なかったことに加え、就業人口比率の高さも関係しているといえようし、そのこと自体は好ましいことである（逆に、他の島では高齢者の占める比率が高いゆえに、芸術祭への比較的広範な関与が可能になったという見方もできる）。アンケート調査でみられた以下のような意見は傾聴に値する。

　「直島を活性化したとゆうが、そもそも仕事もそれなりにあるし、でも人口が減ってさびれてきていたけど、それなりでした。活性化とゆうのはどんなことを指すのでしょうか。人がどやどやとにぎやかにきて、店などがふえて、でも無法地帯のようなさわがしさです。もともとの直島の人たちが、あらゆる意味でがまんしなくてはいけないような毎日が、活性化されたとよろこぶべきなのか疑問だ。」　　　　　　　　　　　　　　（直島　50代女性）

9）この点については、山本（2009）を参照のこと。なお、筆者が2009年に豊島と直島を対象に行ったアンケート調査によれば、島の生活課題として「観光」の優先順位はともにかなり低かった（次頁表参照）。

　この結果をもって観光の不要性を主張するつもりはないが、観光を単なる産業対策として位置づけるのではなく、地域の生活課題群とのトータルな関連性の中で観光がどのような意義なり可能性をもつのか冷静に見定め、その地の定住条件の維持改善に資するような観光事業のあり方を構想することの重要性を強調しておきたい。

地域課題の優先順位

	豊島	直島
医療・福祉の充実	3.79	3.73
海上交通の改善	3.61	3.65
子育て・教育環境の充実	3.43	3.53
自然環境の保全・再生	3.42	3.51
農業の振興	3.48	—
治安・防災対策の充実	3.3	3.43
相互扶助の強化	3.39	3.3
漁業の振興	3.45	3.1
製造業の振興	—	3.35
公共事業の充実	3.28	3.26
島内交通の改善	3.3	3.1
環境事業の推進	3.08	3.24
伝統文化の継承	3.14	3.17
観光業の振興	2.89	3.08

注：豊島は有権者名簿で無作為抽出した285人、直島は電話帳で無作為抽出した305人に調査票
　　を配布、順に177人（回収率62.2％）と250人（回収率82.0％）の回答を得た。数値は、「き
　　わめて重要」＝4点、「まあ重要」＝3点、「それほど重要でない」＝2点、「ほとんど重要
　　でない」＝1点に数値化し、平均値を算出したもの。

文献

勝村（松本）文子他，2008，「住民によるアートプロジェクトの評価とその社
　　会的要因—大地の芸術祭　妻有トリエンナーレを事例として—」，『文化経済
　　学』第6巻第1号.

瀬戸内国際芸術祭実行委員会，2010，『瀬戸内国際芸術祭2010　総括報告』.

室井研二，2010，「離島振興と観光—島の内側の視点から—」，『瀬戸内圏の地
　　域文化の発見と観光資源の創造』（平成20〜21年度香川大学プロジェクト研
　　究成果報告書），19-52.

山本大策，2009，「持続的ツーリズムの動向—英語圏を中心に—」，環境社会学
　　会編，『環境社会学研究第15号』，139-152.

資料1　調査票

瀬戸内国際芸術祭に関する意識調査

調査主体　香川大学瀬戸内圏研究センター
（代表）　　本城　凡夫
（担当）　　室井　研二
（連絡先）　TEL087-832-1432
　　　　　　muroi@ed.kagawa-u.ac.jp
実　施　　2011（平成23）年3月

調査へのご協力お願い
　この調査は、瀬戸内国際芸術祭が開催地となった島の皆さまにどのように受けとめられているのかを把握し、地域を活性化させるための糸口を探ることを目的とした学術調査です。調査の実施については島の自治会の承諾を得ております。調査結果は報告書にまとめ、自治会にお返しすることをお約束します。お忙しいところ恐縮ですが、ご協力のほど宜しくお願い申しあげます。
　ご回答いただいた事柄はすべて数字化し、統計的に処理しますのでプライバシーの面で回答者の方々にご迷惑をおかけすることは絶対にありません。安心してご回答ください。
　回答はかならず宛名の方ご本人がおこなってください。もしご本人がやむを得ない理由でご回答できない場合は、調査票の表紙にその旨をお記しいただき、白紙のままお返しください。
　回答方法は簡単です。設問文を読んで、あてはまる選択肢の番号を○で囲んでください。質問内容その他、なにかご不明な点がございましたら、遠慮なく上記の連絡先にご連絡ください。
　それでは、何卒よろしくお願い申しあげます。

問1　芸術祭がはじまる前、あなたは芸術祭に期待されていましたか。

　1. 大いに期待していた　　　　　2. まあ期待していた
　3. あまり期待していなかった　　4. ほとんど期待していなかった

問1-1（問1で1、2と答えた方のみ）　どのようなことを期待されていましたか。あてはまるものにいくつでも○をつけてください。

　1. 多くの観光客が訪れて島に活気がうまれること
　2. 島に経済効果（雇用や特産品販売など）がもたらされること
　3. 島外の人たちとの交流がうまれること
　4. 島の魅力を島外に発信すること
　5. 身近で芸術作品が鑑賞できること

問2　芸術祭がはじまる前、あなたは芸術祭の趣旨や現代アートについて何らかの説明をお受けになりましたか。

　　1. 説明を受けた　　　　　　2. 説明を受けなかった

問3　以下では芸術祭をふりかえってお感じになったことをお聞きします。まず、あなたは芸術祭にどのように関わられましたか。あてはまるものにいくつでも○をつけてください。

　1. 作品やイベントを見学した
　2. アーティストの作品制作に協力した
　3. 観光客に地域や作品の案内をおこなった
　4. ボランティア（小えび隊）のお手伝いをおこなった
　5. 芸術祭関連の行事・イベントに参加・協力した
　6. 芸術祭に土地、家屋、資材などを提供した
　7. 芸術祭にとくに関わることはしなかった

問4　島に展示された現代アートの作品についてどうお感じになられましたか。

　1. 気に入った　　　2. 気に入らなかった　　　3. どちらでもない

問5　現代アートは島の歴史や文化を表現しているとお感じになりましたか。

　1. そう思う　　　　2. そう思わない　　　　3. どちらでもない

問6　芸術祭は島の生活にどのような変化をもたらしたとお感じですか。以下の各意見について、a〜bのうちあてはまるものに○をつけてください。

　（1）多くの観光客が訪れて島に活気がでた
　（2）島に経済効果（雇用や特産品販売など）がもたらされた
　（3）島外の人々と交流することに関心が高まった
　（4）自分の島に対する愛着が強まった
　（5）住民による島づくり活動が活発になった
　　　a. 大いにそう思う　　　　　　　b. まあそう思う
　　　c. あまりそう思わない　　　　　d. ほとんどそう思わない

問7　あなたには芸術祭を通じて新しくお知り合いになった方がおられますか。

　　1. いる　　　　　　　　　2. いない

問7-1（問7で「いる」とお答えになった方のみ）　それはどんなかたですか。あてはまるものにいくつでも○をつけてください。

　1. 観光客　　　2. アーティスト　　　3. 子えび隊　　　4. 島内の人

問8　全体的にみて、あなたは今回の芸術祭が島に好ましい変化をもたらしたとお感じですか。

　1. そう思う　　　2. そう思わない　　　3. どちらともいえない

問9　あなたは3年後にもご自分の島で芸術祭を開催したいとお思いですか。

　　1. 開催したい　　　2. 開催したくない　　　3. どちらともいえない

問10　島での生活についておたずねします。以下の問いについて、あてはまる番号に○
　　をつけてください。

(1) あなたには、島で日頃親しくつきあっている方は何人くらいおられますか。

　　　　　　1. いない　　　　　　　　　　2.1～4人
　　　　　　3.5～9人　　　　　　　　　　4. 10人以上

(2) あなたは日頃、島の行事や取り組みに参加するほうですか。

　　　　　　1. よく参加するほうだ　　　2. まあ参加するほうだ
　　　　　　3. あまり参加しない　　　　　1. ほとんど参加しない

(3) あなたは今後、島にずっと住んでいたいとお思いですか。

　　　　　　1. ぜひ住んでいたい　　　　　2. まあ住んでいたい
　　　　　　3. できればよそに移りたい　　4. はやくよそに移りたい

(4) あなたはご自身の島に愛着がおありですか。

　　　　　　1. 大いに愛着がある　　　　　2. まあ愛着がある
　　　　　　3. あまり愛着はない　　　　　4. ほとんど愛着はない

問11　最後にあなたご自身のことについておたずねします*。

(1) あなたの性別は　　　　　1. 男　　　　　　　2. 女

(2) あなたの年齢は

　　　　1. 20代　　　　　　2. 30代　　　　　　3. 40代
　　　　4. 50代　　　　　　5. 60代　　　　　　6. 70代以上

(3) あなたは現在、どなたとお住まいですか

　　　　1.一人暮らし　　　　　　　　　　2. 夫婦のみ
　　　　3. 核家族（夫婦と未婚子）　　　　4.三世代同居
　　　　5. その他（　　　　　　　　　）

(4) あなたはこの島のご出身ですか。それとも他所から移られてきた方ですか。

　　　　　1. この島で生まれ育った　　　2. 他所から移ってきた

(5) あなたの現在のご職業は

　　　　1. 農業、漁業　　　　　　　　2. 建設業、石材業、製造業

　　3. 飲食店、宿泊業、販売業　　　4. 専門職、公務、教員
　　5. 各種サービス業　　　　　　　6. 年金生活
　　7. 主婦　　　　　　　　　　　　8. その他の職業（　　　　　　）

（6）さしつかえなければ、あなたの最終学歴をお教えください

　　1. 義務教育
　　2. 新制高等学校・旧制中学校・高等女学校
　　3. 短期大学・高等専門学校
　　4. 新制大学・旧制高等学校・旧制大学
　　2. その他（　　　　　　　　　　）

*豊島と直島のみ居住集落についても尋ねた
　瀬戸内国際芸術祭をふりかえって何かお気づきになったこと、言っておきたいことなどあれば、ご自由にお書きください。

　ご協力ありがとうございました。お手数ですが、ご回答済みの調査票は同封の返信用封筒に入れて、3月18日（金）までにご投函ください。

　調査結果は2011年度末を目途に報告書にまとめる予定ですが、ご希望の方には調査結果の速報（単純集計結果をグラフにまとめたもの）をお送りしますので、氏名と宛先をお書きください（不要の方は空欄で結構です）。

宛　先　〒

氏　名

資料2　自由記述回答

【豊島】

　アートとはこのようなものなのか、あまり解らないが、池の中に羽の様な物はきれいだと思った。美術館其他色々あまり解らなかった。　　　　　　　　　　（女　70代以上）

　アートとはこのようなものかなぁと思いました。高齢者にもわかるようなアート期待したい（3年後）。　　　　　　　　　　　　　　　　　　　　　　　　　　　　（男　60代）

　プライバシーが守りにくい。島民の足である船便に支障がある。マナーの悪い者も時々いる。きちんと挨拶できる人も多くいた（気持良いです）。　　　　　　　（男　60代）

　島は交通が不便で若い方はいいけど年老いた人には気の毒でした。もう少し、バスの時間を考えてほしかったと思います。有難うございました。今後ともよろしくお願いいたします。　　　　　　　　　　　　　　　　　　　　　　　　　　　　　　（女　70代以上）

　ごみ箱をもっとふやして欲しい。　　　　　　　　　　　　　　　　　　（男　30代）

　正直な所、今回の芸術祭は、私自身参加したとはいえない。しかし、思った以上に、たくさんの島外の人々が島をおとずれ驚いている。3年後に芸術祭を計画しているそうだが、次回はどういうものになるのか楽しみでもある。　　　　　　　　　　（男　40代）

　船便について、土庄―宇野便、いつも買物等利用しますが、乗船できるのかな、と思った事があった（たくさんのお客さんでしたので）。この3ヶ月は楽しかったです。今度は、島の人、老人もふくめ、参加したらと思います（お手伝いもふくめて）。（女　60代）

　島内にトイレ等の設置をよく考えてください。島内を走るバス等のルートが芸術祭のルートにしぼられ島のよい所を見るルートがなかったので今後は島じたいのよい所を見て走るルートを考えて下さい。　　　　　　　　　　　　　　　　　　　　　　　（男　60代）

　ボールペンを同封してくださりありがとうございました。今回、率直に、又、厳しいかも知れませんがアンケートに返答させていただきました。島で生活する私共は、船での交通は希望するものでなく、仕方なくしています。「船賃が高い」とか「便が少ない」等々聞きましたが、島民の足の確保を充実していただきたい。観光客の為にしわ寄せが再々ありましたので、船会社の経営者がうるおうだけの芸術祭のイメージはいなめません。　　　　　　　　　　　　　　　　　　　　　　　　　　　　　　　　（女　40代）

　道のまんなかを団体で歩いていた観光客がうざかった。　　　　　　　　（男　20代）

　終わっても後日につながる物がない様に思う。一時的な事だけではいけない。何かを残すことがあればよかった。何かわからないけど。　　　　　　　　　　　（女　60代）

　ボランティアで活やくしていただいた小えび隊の方たちの食事が手弁当だとききましたが、場所によってはなにも売っていないところもあると思いますので、何とか弁当の支給とかできないものでしょうか？　　　　　　　　　　　　　　　　　　　　　　　（女　60代）

　3年後の芸術祭が行われるなら

・バス停付近などトイレの設置、案内板の表示をわかりやすくしてほしい。今回は中学生の作った地図をたよりに歩いている人もおり、ムダに歩いている人みるとかわいそうだった（カラト清水霊泉のところのトイレもいっぱい簡易トイレがほしかった）。

・年寄りの人達がこの芸術祭で元気になったと思うし、私の両親も島外の人と積極的にかかわり、親達はいろんな人達と交流して今でもやりとりなんかもしていたりする。芸術祭に

自主参加したりして!
・食事場所が少なくいつも一杯で困っている人をみかけた。
・バス無料はありがたかったけど、長く続く為には100円でも料金を決めてもよかったのではと思ったりする。
　3年後の芸術祭が今回以上に成功すればと思う。　　　　　　　　　　　（女　20代）
・来島者は、マナーのいい方がほとんどだったように思います。
・子どもの来島者が少ない。ほとんどが大人ですね。
・「こえび隊のおかげ」だと思います。
・簡単な材料で作ったシンプルな作品に感動を覚えた。
・天気がすばらしく良かったことも成功の一因ですね（台風も来なかった）。
・無料バスの運転手（1人）荒っぽい運転をする運転手（スピードの出し過ぎと、道の中よりを走っていた）がいたことが残念でならない。むしろ、のんびりトロトロ走るようなバスがよいのではないでしょうか。　　　　　　　　　　　　　　　　　　　（男　50代）
　芸術祭に協力したかったが、どのように協力したらよいのかわからなかった。自治会長に聞いても、町へ聞いても明確な答をもらえなかった。非常に残念だった。　（男　60代）
　あまりに住民無視だったと思います。もう少ししっかり説明して、住民にも理解と納得をしてもらう用意をしてから開催すると良かったと思います。せっかく来てもらっても、来た人も困るように思います。ここで静かに暮らしている人には少々迷惑です。　　（女　30代）
　期間中に人が多すぎて、来島した方々に充分島の生活を楽しんでもらう事が出来ませんでした（時間も船の都合などで制約された）。美術館ならその場所へ行って鑑賞するだけで良いのだが、広範囲を移動しなければならないという事に始まり、交通手段、食事と、来島された方も色々な煩雑さがあり、それをサポートするだけの絶対人数の不足が問題だと思います。されど、その期間がすぎれば必要なくなるというギャップの問題を処理しきれていないと思います。行政においても開催後については無関心かと。継続の難しさですネ。　　　　　　　　　　　　　　　　　　　　　　　　　　　　（女　50代）
　芸術祭が終っても今だに島外の人が来島しております。三年先が待ちどうしい見たいに思います。　　　　　　　　　　　　　　　　　　　　　　　　　（女　70代以上）
　芸術祭期間中たくさんの若い方が島にこられてファッションを見るだけで楽しかったです。何もない、不便な島を一時でも好んでくれてありがたく思いました。3年後が楽しみです。　　　　　　　　　　　　　　　　　　　　　　　　　　　　　　（女　40代）
　来島する人が多く、病院（島外）に行く時、不便だった。　　　（男　70代以上）
　すばらしい美術館が開館され感謝していますが館内が冷たいです。何かいい方法はないでしょうか。豊島の住民は二度目からは対策出来ますが、島外の方はお困りではないかと思います。　　　　　　　　　　　　　　　　　　　　　　　　（女　70代以上）
　初めて芸術祭が開催され住民も戸惑ったに違いない。しかし、後半になるとお互いが少しづつ慣れ、気軽に話しかけたり話しかけられたり、ふれ合う様になったと思う。あんなに沢山の人々が島で行き来していたのに事故がなかったのがふしぎなくらいだ。そして島には医療の設備が余りないので心配だ。お客様が具合悪くなったとき間にあうのだろうか。将来、今後芸術祭がある様であれば「島のお接待」ごころをもう少し発揮したいと思います。　　　　　　　　　　　　　　　　　　　　　　　　　　　　（女　60代）

　大ぜいの人が見学に来られました。　　　　　　　　　（男　70代以上）
　期間がもう少し長い方がよい。ボランティアの方は本当に御苦労様でした!（男　50代）
　次回もぜひやって頂きたいと思います。　　　　　　　（男　60代）
　豊島は他の島とは違った大きな荷物を背負ってきました。産廃の島、ゴミの島といったイメージです。昨年の芸術祭のお蔭で全国から大勢の来場者があり、その結果アートも良いが景観のすばらしい島であるとの好評で本当によかった。これで島の悪評も払拭されると思います。次回の芸術祭も引続き7ツの島で開催されることが決定され本当にありがたいと思います。これからいろいろ課題があると思いますが島を元気にして活性化するために島民も一丸となって頑張るべきだと思います。　　　　　　　（男　70代以上）
①　該当者の自己満足に過ぎない
②　根本的に島の活性化につながるかどうか分からない　　（男　70代以上）
　交通機関（船）で乗れなくてこまっていた人を見うけました。　　（女　70代以上）
・多くの観光客が訪れ島に活気がうまれ島民も元気が出ているように思った。
・これからも島の魅力をピーアールできればよいと思った。
・身近で芸術作品が鑑賞できてよかった。
・これから先、3年先にもっとすばらしい芸術作品が鑑賞できることをいのりたいと思います。　　　　　　　（女　70代以上）
　問4　気に入ったと回答しましたが、作品の中には気にいらない作品もありました。多くは気に入ったので①にしました。交流も限られた島の人達が多かったと思います。お年寄りの人達は、少し騒々しいと感じておられた。　　　　　　（女　50代）
　都会の方が大勢出かけてくれて、楽しい島になりたいです。島外の事が少しでも多く気付き、小離島の淋しさを取りのぞき大きな心を持って、人となりの楽しさや社会の事をもっともっと知りたいです。もっと早くアートが有ったら良かったなあと、元気であったら三年後を楽しんでいます。私は生れ故郷が最高の島である事願っています。　（女　70代以上）
　あんなに人が来るとは思っていませんでした。豊島の人、景色のよさも解ってもらえて嬉しいです。自然の中に住んでいますが作品を見て心がなごみました。都会の人はもっとでしょうね。春になるとまた人がくるかなあーと期待しています。屋外の自然と調和したアートが気に入りました。　　　　　　（女　60代）
　豊島は一泊してもらって、ゆっくりしてその生活を理解してもらえるところではないかと思います。芸術作品もよいのですが、島の普通の暮らしぶりを味わって頂きたいと思います。　　　　　　（女　60代）
　荒れていた棚田の草木が刈り取られ、多くの田が復活したことは見ているだけでうれしいことでした。このまま保たれれば素晴らしいと思います。外から訪れて下さった人々が、豊島を良い島と評価されたと聞いてうれしいことに思いました。こうしたイベントがなければ島外の人が訪れるチャンスはほとんどありませんから……。　　　（女　70代以上）
　芸術を見るももっとスムーズにお客に負担（待ち時間、場所が狭い、天候等）のならない方法を取るべき。来島される方々とのコミュニケーションの場がなかった。来島される方々は常に時間に追われている様子（スケジュールが密に組まれていた）
1. 交通
　1）来島人数に合うだけの船便を用意していなかった

　2）船便をお客の数に合せフレキシブルに対応していなかった（客数に合せ即対応できる体制にすべき）

　3）バスの便を密すべし。待ち時間がある為、徒歩が目立った。

　4）天候に合せて船、バスのステーションの構造をもっと考えるべき。暑さ雨天等に対応すべき（待ち時間が長い為。屋根、木かげがあれば良い）

2．食事

　事前に来島する形態がわからない為、食事に対する対応、特に食事をするべき箇所が少なかった。ステーション付近で軽食でも販売してあげたかった。

3．豊島の本当に良きスポットをもっとアピールするべきだった　　　　　　（男　60代）

【男木島】

　学生ですが多忙で参加できなかった。もう1度開催してほしいです。　　　　（男　20代）

　今回のアート作品展示は空家を利用したものがありますが、生活居住区の為、近くで生活している人にとっては非常にさわがしくおちつくことができません。これが一番の問題点であると思います。出来れば居住区からはなれた場所で展示してほしいと思います。作品展示場所で飲食店などはなおのことやめてほしい。又、警察のお世話になった事件、事故が3件程ありました。今迄になかったことです。　　　　　　　　　（男　50代）

　真夏に子えび隊がよくやっておった。女の子でもよくやったと思った。遠い所から来られていた女の子が最後に通りかかって明日帰ると言ってくれてご苦労さんと言っておいた。　　　　　　　　　　　　　　　　　　　　　　　　　　　　　　　（女　60代）

　2年後にもぜひ男木島を会場にしてもらいたいと思います。又、島の文化や歴史を表現しているような作品があれば島民の愛着ももっと沸くと思います。　　（男　70代以上）

　芸術祭には大勢の方達が来られ、とても活気のある村になりました。今後も男木を気に入ってもらえ、定住してくれる方が居られる事を望みます。船の運賃、芸術祭の時のように安くしてもらいたいものです。　　　　　　　　　　　　　　　（女　70代以上）

　男木島初まってのこの芸術祭本当にすばらしかった。男木島が明るく楽しく美しくよみ返りました。私達も若くなった様な気持です。役員の方々本当にご苦労されました。これからも大変ですが頑張って下さい。ありがとう御座居ました。　　　（女　70代以上）

　協賛行事として下記の競技会を開催しては如何でしょうか。水泳大会、釣の大会、地曳網、ミニマラソン等。　　　　　　　　　　　　　　　　　　　　（男　70代以上）

　最初はあまり分からなかったがアーティスト、小えび隊の方々の島民に対する態度にはすごく好感が持てました。本当に頭の下がる思いです。お陰様で今でも遠い所から遊びに来てくれ付合が初まっております。又この島で会えてにぎやかに仕事が出来、お手伝いが出来たらうれしいと思います。　　　　　　　　　　　　　　　（女　70代以上）

　島に訪れた方々は広く日本中の人々や外国人も多く、初めて男木島に来た、がほとんどでした。どなたも「いい所ですね、でも大変でしょう」と生活の不便さを感じて話しかけて来ました。男木ファンもかなりいて、もう3回も4回も通って来たという人がたくさんいました。「男木がアート。どこを切り取ってもアートですね」と感動していました。今回の私の宝はたくさんの人達と親しくなったことです。「男木島の歴史と未来を考える会」はおかげでたくさんの人に知られました。　　　　　　　　　　　　　　　　　　　（女　60代）

　とても島が明るくなってよかった。もっと有名人の作品もてんじしてほしい。そしたらずっと観光の人が来てくれるので。それか芸じゅつ家を志ざす人たちに自由に作ってもらうとか。　　　　　　　　　　　　　　　　　　　　　　　　　　　　　　（男　30代）

　男木港、すばらしい交流館が出来ました。芸術祭開催のお陰で色々なアート作品に出会い感動いたしました。元気をいただきました。大勢の人々に出会ったこと友人が出来ましたこと、村中活気づいたこと……。大変勉強になりました。又次回芸術祭が行なわれること楽しみにしております。離島に灯りをもたらしていただき、島民は生き生きと輝いています。本当にありがとうございました。　　　　　　　　　　　　　（男　70代以上）

　アーティストの人達の島の人々の交流が多数合った。　　　　　　　（男　50代）

　今後協力したいが高齢者でお手伝いが出来るかが心配です。3年後は80才に成ります。　　　　　　　　　　　　　　　　　　　　　　　　　　　　（女　70代以上）

　観光客のマナーについて指導及び注意等の徹底。　　　　　　　　（男　60代）

　ごみが大変でした。　　　　　　　　　　　　　　　　　　　（女　70代以上）

　島外からたくさん来てくださった事はうれしいけど、私は今高松に仕事に出ています。ある日6時10分のさいしゅう便にのろうと思って船をまっていたら、女木島で芸術祭に来ているお客さんがのりきれなくてこまっているので男木島の人はのらないでくださいと言われました。女木島のお客さんをのせてかえってから、最終便にしますと言われました。仕事につかれて少しでも早くかえりたいのに、いくら女木にお客さんがつみのこしになっているからと言って、島内の定期までなくさないといけないのでしょうか。6：10便は高松最終です。このため家に帰るのが1時間おくれたのです。　　　　　　　　　　　　　（女　60代）

　大勢の人が男木島へ来られてびっくり！おかげでテレビにもよく出て全々知らない人達が小さい七つの島を知ってくれてよかったと思う。期間中はとても熱くて全々外の島へは行く気になれなかった、今度は時期を考えてほしいと思います。　　　　（男　70代以上）

　不燃ゴミの日に道に人がいっぱいで困りました。　　　　　　　（女　70代以上）

　庭の中まで入って来る。急に大声をあげて何度もびっくりする。狭い道にいっぱいに成り通行出来ない事。　　　　　　　　　　　　　　　　　　　　（女　60代）

・何彼と不自由な島に来て、都会の便利さを要求する大人がいる事に驚きました（観光客）。

・島民の親切心をアテにする人達の言動、不愉快。

・小えび隊の活躍には頭が下ります。感謝です。（しかし、小えび隊にもいろいろいましたが……）

・静かだった島には大きな波紋でした。今後、如何なるか見守っていきたいと思います。

・島があまりにも高齢化しているので、二年後が心配です。　　　　（女　70代以上）

・船賃が高い。最終便をせめて芸術祭の時の便までのばしてほしい。

・アーティストの方達が時々来て、いろんな催し、行事に参加して頂いておりますので島にも変化が出て来ていると思います。　　　　　　　　　　　　　（女　60代）

　年金生活ですので芸術祭の時ぐらい船賃を安くしてほしいです。病院行くにも高く心配です。　　　　　　　　　　　　　　　　　　　　　　　　　　（女　70代以上）

・島の道が狭いため、島の人の日常生活（荷物等を運ぶ）等に支障があった。

・島内の案内図が少しわかりにくいのがあって、観光客の方が迷っていた。

・芸術祭関連の記念切手等があればいいと思う（多くもとめられたため）。
・船の便をふやしてほしい。　　　　　　　　　　　　　　　　　　　　（女　40代）

【女木島】
　観光客と会話をしてもっと島のアピールをしたい。　　　　　　　　（男　60代）
　船の便をもっと増やしてほしかった（多勢の観光客のため）　　　　（女　60代）
　瀬戸内国際芸術祭の原点が見えにくいように思う。今回の芸術祭役員、関係者の祭で、島民の祭には思わない。島民の肌に感じない所が多いのではないか?上記関係者の夢は達成されたと思う。多くの島民の心は晴れていない?　　　　　　　（男　60代）
　船便がふえた事が一番でした。今後も是非お願いします。　　　　　（男　60代）
　芸術祭中の賑やかな雰囲気とは比べものにならない現在の島内。何か継続して（特に冬期）年中来客がある行事、店舗があっても良いかなと思います。　　（女　70代以上）
　ゴミの問題。休憩所の様な所を作ってほしい。ごみ箱を多く置いて、後かたづけに、皆が協力をしてほしい。　　　　　　　　　　　　　　　　　　　　（女　60代）
・お客さんが食事をする場所が少なかったように思う。
・お客さんのマナーは思いのほかよかった様に思う。
・展示している作品は私はあまり理解できなかった。もっと島にある物で作品を作ってみたらいいと思う。
・県外や外国の人といろいろ話しをして気づかなかった島のよさを再確認する事ができた。
・次回は島全体を使って船の上からでも目につくような物を作ってみたらどうかと思う。
　　　　　　　　　　　　　　　　　　　　　　　　　　　　　　　　（男　50代）
　今回の芸術祭は予想をはるかに上まわる90万以上の観光客で、県、市にしてみればそうとうの経済効果になったと思う。しかし、芸術祭に直接関わった、それぞれの島はどうだっただろうか。たしかにどの島もそうとうの人出でイベントとしては成功したのではと思う。しかし芸術祭の主旨とする「瀬戸内の海の復権とそれぞれの島の活性化」につながったとは現段階では言えないと思う。活性化と言うのは、その地域の定住人口が増えないと、活性したとは言えないのではないか。今回の芸術祭は初回である事から定住人口が増えるという形はまったく見えない。しかし今回の芸術祭が、その起爆剤になる事には期待する。又、今回の芸術祭で、それにかかわったサービス業にとってはそうとうの収入につながったが、色々と負担を強いられた島民にとってなんの支援もなかったのが残念であり、島民に申し訳なく思う。　　　　　　　　　　　　　　　　　　　　（男　50代）
　芸術祭開催中は日ごろ静かな島に大勢の人が訪れとても賑やかでした。三ヵ月間は船が増便して、運賃も安くなり、生活も少々活気がありました。が、終わったら島民のために何が残ったでしょうか。経済効果?それは大勢の人を運んだ海運会社と島外の飲食業社ではないでしょうか。それも島民は後回しにされたように思います。しかし芸術祭後もいろいろな行事に参加して下さる小えび隊の方々、今も港に残るカモメ達が可愛いいです。三年後にはもっと芸術に興味をもって鑑賞したいと思っております。　　（女　70代以上）
　女木地区は高齢者ばかりで何かとお手伝いしたくても出来ないのが事実なので残念です。お客さんが来て下さるのは大変よろこばしい事ですが、女木地区は飲食店がないのでお客さんは多いに困ると思います。民宿があって夏の間2、3ヶ月で利用出来ないのが

事実でお客さんが困っているのも多々見かけました。若人がどんどん来て人口がふえたら女木島も変っていくと思う。そうなれば運航問題が考えられる。今のままでは高齢者とネコの島になってしまう。いろいろと考えてもらいたいと思います。　　　　　　（女　70代以上）

　アーティストの作品制作、ボランティアのお手伝い等が出来なかったけれど芸術祭関連の行事、イベントには参加協力しました。公式ガイドブック、作品鑑賞のパスポートも購入して、主人と島内はもとより男木島展示場も回りました。全島回りきれなかったのが残念でした。　　　　　　　　　　　　　　　　　　　　　　　　　（女　70代以上）

　当初予想に反して女木島始まって以来最高の来島者を迎えられた。アーティスト、実行委員の皆さん、特にこえび隊の協力のたまもの。テレビ、新聞、印刷物の宣伝効果も多かった。実行委員会発表の来場者数県全体938,246人、女木島99,759人は数え方に問題があり、1人が複数の会場を見学した場合一部の会場入場者数を合算している。実人員は60％位ではないでしょうか。予想以上の来島者で交通機関、特にフェリー、バス会社等、多大な利益（収入）を得ている。宣伝費も使わず芸術祭の恩恵を受けている、特にバス会社は住民に多大の迷惑をかけている利益の一部を地元に還元すべきです。またこえび隊にも何らかの処置が必要と思います。　　　　　（男　70代以上）

　子えび隊の教育をちゃんとしてほしかった。今まで家庭にいたりして社会にでていなかった方が多かったように思った。県外から来た方に対しての接客態度が悪いように思えた。3年後にもう一度開催するのなら、そこらへんを直してほしい。　　　（男　50代）

　或る一部の店には大いに良かったとの事でした。他の家々には何の変化もなし。芸術祭で船運賃安く成った事が良い。　　　　　　　　　　　　　（男　70代以上）

　もっともっと全国の人に島のよさをもっとよくしってくれたらよいと思う。（男　50代）

　高松の孫が友達を連れてきた事が、うれしかった。　　　　　（女　70代以上）

　芸術祭期間中わ多々の人達が来島され島も多いににぎわってました。しかし期間が終われば又しずかな島にもどり、もとのしずかな島になり、私もおおかた想像していた様でした。島の活性はない様でした。　　　　　　　　　　　　　　（男　70代以上）

　多々の人が島に訪れて活気が出た。又外国人も多く来島し、片言の日本語を使っていて我々に話しかけて来たりして良かった。　　　　　　　　　　　　（男　70代以上）

　私達は皆農家なのでそれぞれ畑仕事があります。芸術祭でいくら観光客が来られても交流したりお話したりする時間はありません。日々の仕事で追われて毎日クタクタです。昨年夏は特に暑かったのでウロウロ歩く客が目障りでした。　　　　（女　70代以上）

　昨年の芸術祭は島に取って余り意義のあるものではなかったように個人としては思います。関係なさった役員の方々は人知れずお忙しかった事と思います。島に住んでいて、期間中は賑わいましたが、後に残ったものは何もない。三年後は一段と年を取りますので大きな行事は個人としては静かな生活は好いのではと思います。　　（男　70代以上）

　開催前に島民とのコミュニケーションを計り、島民参加型にしてほしい。　（女　60代）

　アーティスト、小えび隊etc 島外の人達は島のため大いに協力、活躍してくれましたが、島の人々があまりに関心がなさすぎるため、積極的な協力、活動が出来なかった。島の人々への協力、説明が行き渡っていなかったのが非常に残念だったと思う。年令は重ねていても活躍の仕方はたぶん（？）あると思う。　　　　　　　　　　（女　40代）

【直島】

・町民の心の中にも「わが町を誇りに思う」気持ちが再認識されることとなって良かった。

・近いのに行った事のなかった他の離島に行く機会ができ、本町が交通や生活に恵まれていることを実感できた事と、他の島との人と触れ合う中で、離島ならではの素朴な人情味と向き合い、自分自身を見つめ直す良い機会ができたと思う。　　　　　　（男　50代）

・島間との航路の充実を3年後はさらに希望します。

・今後も直島にアート作品が少しずつでいいので増えていってほしい。　　（男　40代）

・ゴミが多くて片付に困りました（ゴミ箱が少なかった）。

・道路にいっぱいになって、地域の住民が遠回りする事が多かった事。

・無料のお茶出しが業者に迷惑をかけていたように思う。

・案内表示が少なすぎたように感じた。

・お茶よりゴミ回収のボランティアがほしいです。　　　　　　　　　（不明　60代）

・観光地でない直島が現代アートで世界の直島と有名になり国内外からたくさんの観光客が来て、芸術祭の期間は島中が人、人であふれとっても活気があり、明るい元気な島にとっても嬉しく思いました。

・でも観光客のマナーが季節によってだが目にあまった。生活道路は特に良くなかった（地域によるかも）。

・又町内には瀬戸内海のおだやかな自然豊かな海をもっと整備して（特に釣公園等）海を愛し利用してほしいと思います。　　　　　　　　　　　　　　（男　70代以上）

　島外に住んでいる子供達が休日を利用して帰省するたびに船の何十分も前に並ばなければならないし、車の積みのこし、他、高松方面では車の中に1時間（座れない為）。又、乗船の前も孫達が疲れると言っている。道路も道巾いっぱいに歩く為、バイクなど危なく、バイクを押して通らなければならないなど。　　　　　　　　（女　60代）

　観光客のマナーが少し悪い様に思いました。　　　　　　　　　　（女　50代）

　観光客の方がもう少しマナーをよろしく。　　　　　　　　　（女　70代以上）

　芸術祭の期間中は住民にとって足である船に乗るために30分以上も前に港に行って並んだこともあります。家の前は大ぜいの人で車を車庫に入れるにも、たいへん困りました。人が道路いっぱいに歩いて、車で畑に行く時も、あぶなく思った事も再々です。芸術祭が終ってもとの直島にもどった時は、ほっとしました。特に船便については考りょしてほしいです。　　　　　　　　　　　　　　　　　　　　　　　　　　　（女　60代）

　人がたくさん来られ、活気はあったと思われますが、それ以上にマナーの問題、船の不便他、問題点がたくさんあったと思われます。　　　　　　　　　（男　60代）

　他人の庭を通り抜けをする様な事をしないで下さい。お願いします。（女　70代以上）

　芸術祭はあくまでも期間中の芸術鑑賞であって期間が終れば賑わいも終わります。直島が活性化していくためには期間を利用して直島町自体が何をなすべきかを真剣に考えなくては祭の一時で終ってしまいます。国際芸術祭におんぶにだっこではなく直島町自体が何をなすべきかを考え実行する、行政の実行力の問題です。　　（男　70代以上）

　観光客のマナーの悪さが目だった。単車ではしっていても横一列に歩いてよけてくれず、こまった。　　　　　　　　　　　　　　　　　　　　　　　　　（女　60代）

　瀬戸内国際芸術祭は、してもいいですが、四国フェリーの来る時、積のこしがたびた

び有り、急いだ時に一番こまります。道路でも自転車が多く出るのはいいが、マナーがすごく悪い事も多くなく、本村の方は歩道一ぱいになり、毎日思っていました。三年後するとしたら、もう少し、いろいろと考えてから行動してほしいですね。　　　　　　　（女　60代）

　車道を観光客の人達は車がきてもよけてくれません。　　　　　　　　（女　30代）
　観光客のマナーが悪い。　　　　　　　　　　　　　　　　　　　　　　（男　60代）
　観光客のマナーの悪さが少し気になった。小学生でもできている事ができていない。特に若い人達。　　　　　　　　　　　　　　　　　　　　　　　　　　　　　（男　20代）
　観光客のマナーについて。人数の多い所は誘導や整理するなどして欲しい。狭い道もあり、その中で生活している方もいるので、さわがないなど……。　　　　　　　（女　30代）
　観光の方のマナーが悪く、あちこちにゴミをされたり、いろんなものがぬすまれたり、スムーズに交通キカンが使用できなかったりといろいろと迷惑をしました。島の風紀を乱されたくないです。何のためのものだったのか、今になっても疑問です。早くおわってほしかったです。もうしてほしくないです。　　　　　　　　　　　　　　　　　　　　　（女　30代）
　直島の知名度は確かに上がったと思うが瀬戸芸で何らかの恩恵を受けた人はほんのひと握り。島で生活している者にはマイナスな事もあったのでは。たとえば、船。生活の足が観光客が多くて乗れない時も。観光客のマナーの悪さ。大きな事故がなかったのが幸だ。　　　　　　　　　　　　　　　　　　　　　　　　　　　　　　　　　（女　50代）
　来島者が多く、住民の足が不自由になった。交通ルールが守れていない（歩行者）。　　　　　　　　　　　　　　　　　　　　　　　　　　　　　　　　　　（男　50代）
　交通に不自由な面がありました。バスの積のこしに相いました。　　（女　70代以上）
・観光客のマナーが悪過ぎる。
・道路いっぱいになって車がクラクションを鳴らしてもどこうとしない‼（これは町民のほとんどの人が言っている）
・もっとベネッセがちゃんとしないと事故にもつながる。
・大型バスが片側車線にとめて、細い道から出る時は、右左から車が来てるかどうかも分らない‼　　　　　　　　　　　　　　　　　　　　　　　　　　　　　　（女　50代）
　ボランティアの指導又はポスター等バスガイド。道路がセマイので交通の指導を確実に指導してほしい。　　　　　　　　　　　　　　　　　　　　　　　（男　70代以上）
　恩恵を受けたのは一部の人だけ。その他の人は迷惑を受けた、我慢していた人だと思う（船に乗れない、バスに乗れない、治安、ゴミ、etc……）。次回開催するのであれば、そこをクリアしないと、町民の理解は得られないと思う。　　　　　　　　　（男　20代）
　島は活気づいたが島民にとってはふだん生活している所なので、船に乗れず、つみ残しになったり、交通量が増えたりして、大変だった方もおられます。次回開催するにあたり、その辺を配慮して頂きたいと思います。　　　　　　　　　　　　　　　（女　40代）
　当初の予想を上回る観光客の数で、「島」が対応できていなかった。民間の会社とは言え、四国汽船は島民の足であり、「医」の部分で利用する事、通学に利用する事がほとんどである。芸術祭中は海の交通の便が悪くなり、島の交通に支障をきたし、大きな声で誘導される住民の不満は日を追うごとに増大しました。それを除けばすばらしいお祭りで、とても誇りに思っています。これから先も続けてほしいと思います。船の移動は住民の生活です。　　　　　　　　　　　　　　　　　　　　　　　　　　　　　（女　40代）

　国際芸術祭で、生活のペースを観光客のマナーの悪さにふるまわされた様に思う。道いっぱいに広がって歩いたり、車が通っているのに、よけてくれない。急に車が止まったりと、何度かドッキとすることがあった。島の人達は、ボランティアでいっしょうけんめいもてなしていたのに……。次回は開催してよかったと心から思う様になればよい。　　　（女　50代）

　道路を歩いて車が横を通っていてもよけてくれなかったり、港のプランターの花の中にたばこを捨ててたりした人がいました。　　　　　　　　　　　　　　　　　　（女　50代）

　交通マナー、ゴミのポイ捨て等、住民に迷惑のかからないように。せっかく開催したのだから皆んなが良かったと思えるような芸術祭にしてほしいと思います。　　　（女　50代）

　仕事で通勤（船）。観光客の多さに、少々、こまった。昔の、ゆっくりとした、直島がなつかしい。　　　　　　　　　　　　　　　　　　　　　　　　　　　　　　（女　50代）

・観光客のマナーが悪すぎる‼

・乗船時（バス）、島民優先にして欲しかった。皆、かなり迷惑している。　（女　40代）

　宮の浦に会場を2ヶ所か3ヶ所ふやしたい（本村、積浦に集中している為。次回迄に何とかしたいと思ふ）。　　　　　　　　　　　　　　　　　　　　　　　（男　70代以上）

・お茶出しのサービス（土・日・祭日）をされた事は大いによかった事と思いますが、ある場所では700〜800ハイ出たと喜んでいたようですが、ジュース、ソフトクリームなどの売り上げがさっぱりと聞きましたが、ボランティアで行っている人は、周囲の売り上げのじゃまをせず程々に行って欲しいものです。

・宮ノ浦地区にもアートがあれば、船待ちの時間や食事も宮ノ浦地区にも呼ぶ事が出来、本村で長い行列が出来るのをふせぎ、両地区によいのでは、と思います。　　　（女　60代）

　1番感じたことは観光客のみなさんによく聞かれましたが近くで食事の出来る所、泊る所を教えて下さい。三年後には、おいしく食事の出来るところ、1晩でも泊れる、そういった面に力を入れ、より多くのお客様に来ていただける様な直島になればいいなあと思いました。　　　　　　　　　　　　　　　　　　　　　　　　　　　　　　　（女　70代以上）

・交通マナーが悪い

・ゴミがふえる

・ヒッチハイクをもとめる観光客がいる

・船のつみのこしがある。不便　　　　　　　　　　　　　　　　　　　　　（女　30代）

　仕事を持っている為、芸術祭にはほとんどかかわることはなかった。ただ観光客のマナーの悪さは年を重ねるごとにひどくなっているような感じを受ける。観光も良いことだが、島の中で日々のくらしをしている者がいるということも考えてもらいたい。はっきり言うと、芸術祭が終わってホッとしている。　　　　　　　　　　　　　　　　　　　（女　40代）

　マナーを守らない観光客が多すぎる。ゴミを家の庭に捨てられたり、車道を何列にもなって平気で歩いたり、勝手に庭に入ってきたり、二度と芸術祭なんかしてほしくない。治安も悪いし、のんびり、ゆっくりしていた直島がうるさくなってしょうがない。　　　（女　30代）

　観光客のマナーが悪い。例えば、島の道路を自転車であれば2〜3列になって走行したり、車の停車位置が車の通る所で堂々と止まったり、町民の道路なのに何か勘違いしている気がします。それを改善しない限り3年後の瀬戸内国際芸術祭の開催はしない方がいいと思います。それは一部の観光客であって、全ての観光客に言ってはいませんが……。特に直島は今回7つの島の中で一番観光客が訪れた島ですが、町民バスが観光

客ばっかり乗車し、町民が乗れなくなっている点を改善して、観光客専用バスと町民だけが利用するバスを分けるべきだと思います。　　　　　　　　　　　　　　　（男　20代）

　どこの観光地でも同じでしょうが、来客者のマナーの悪さには困りました。開放的な気分になるのも理解でき、最大限譲歩したとしても許しがたいことも多々ありました。個人のモラルに訴えるほかないのでしょうか?!　　　　　　　　　　　　　　　　　　（女　40代）

　島の足は船です。船に乗船する際につみ残しになったり座れなかったり大変でした。家のかぎもかけないで出かけられないようになりました。歩行者の道をいっぱいになって歩く事、島でも車は走っている、よけてもらえない。　　　　　　　　　　　　　　（女　60代）

・四国汽船の乗客や車の積み残しがないようにお願いしたい。
・観光客の交通マナーが悪い人がいて交通事故が起きないかハラハラする事があった。
　　　　　　　　　　　　　　　　　　　　　　　　　　　　　　　　（女　60代）

　バス・船が満員で積みのこしがあり、どこに行くのにもおくれて不便を感じた。
　　　　　　　　　　　　　　　　　　　　　　　　　　　　　　　　（女　60代）

　芸術祭の開催で経済的に大いに潤った関係企業、業界等は、もう少し島民に対してサービス精神を発揮すべきであって、あまりにも利己主義が目についた。　　（男　60代）

　芸術祭の間の四国汽船の乗船が10分前でないと乗せてもらえないので時間には出ないしさんざんでした。特に車で出かける時は帰りは乗船出来ない時があり、もう少し直島の島民の事も考えてほしい所が多々あります。　　　　　　　　　　　　　　（女　60代）

・来島者のマナーの悪さ（特に歩行者）。道路を一群となって歩いている。要所、要所の案内者の指導力がない〜本村地区。
・町営バス定員オーバー〜危険。港での案内整理。
・道路、道路脇のゴミ（煙草の吸い殻含む）を捨てないように。　　　　（男　60代）
・島に民宿が多くできたので行事が終了後の経営が心配です。
・一般の町民の人々のボランティア活躍に感謝しています。　　　　（女　70代以上）

1. 見学をするのに待ち時間が長すぎることがたびたびあり、もう少しスムースに見物が出来る様に一工夫が必要であると痛感している。
2. 船便に乗船できないことがあったので対策が必要と思う。
3. 観光客の一部にマナーの悪い人がいた。ごみのポイすて、せまい道路を横いっぱいになって歩いている。　　　　　　　　　　　　　　　　　　　　（男　70代以上）

　たくさんの人達が島に訪れてくれて島内は活気にあふれていました。でも現実……夜間の島内はドーンヨリいつもの島と変わらず暗〜い町内、道路!!港周辺も暗く日が暮れて島内に来られた方は道路とかでキョロキョロしていました。　　　　　　　　　　（女　40代）

　今後も芸術祭を継続して行う場合には、島民の船便の確保など、日常生活の利便性を優先すべき。そのためにも来島者数の平準化するような工夫が必要。　　　（男　50代）

　不便さを楽しむような余裕を来島者にはもってもらわないと、イベントの運営はうまくいかない。不便なことも一つの味わいであることを理解してもらう必要がある。　（男　40代）

　島民の生活の足となっている船便について、開催中に利用しにくい状況が多々あったので、次回はそこを改善してもらわないといけない（たとえば、島民の証明をみせて、事前に乗船させてもらうなど）。　　　　　　　　　　　　　　　　　　　　（男　30代）

・フェリーの本数を増やしてほしい

・海の駅からすぐ見える所に "地中美術館" "家プロジェクト" の矢印看板を作って欲しい

（男　30代）

　　町の対応の見直し。開催の時期。　　　　　　　　　　　　　　　　　（男　30代）

　　私は民宿をやっていますが芸術祭の終わった後、お客さんが来てくれない。コンスタント
に来てほしい。ギャップがありすぎます。　　　　　　　　　　　　　　（男　50代）

　　うるさいだけ。出来れば大企業の○（?）設が良い。　　　　　　　（男　70代以上）

　　道路の横断のマナーが悪い。地図が解りにくいのか場所をよく聞かれた。（女　50代）

・観光客を見て思うことは、ほんとうにマナーの悪さです。自分自身もそうじゃないのかと反
省しましたし、なさけなかった。

・一企業の芸術祭なのに自治体がふりまわされているようでがっかり。

・直島を活性化したとゆうが、そもそも仕事もそれなりにあるし、でも人口が減ってさびれて
きていたけど、それなりでした。活性化とゆうのはどんなことを指すのでしょうか。人がどや
どやとにぎやかにきて、店などがふえて、でも無法地帯のようなさわがしさです。もともとの
直島の人たちが、あらゆる意味でがまんしなくてはいけないような毎日が、活性化されたと
よろこぶべきなのか疑問だ。

・直島の人たちの善意につけこんでいる観光客や商売をしている人たちにはがっかりだし
きょうざめである。　　　　　　　　　　　　　　　　　　　　　　　（女　50代）

　　観光客が多かったがその割にはゴミなど少なかった様に思う。船便、バス便に不便なと
ころがあった。思ったより外国の方は少なかった。なぜ?多くの方に島を知ってもらって嬉し
かった。　　　　　　　　　　　　　　　　　　　　　　　　　　　　（女　60代）

　　島に活気があったのはいいと思います。前にはほとんど店もなくさみしい感じの島でし
た。いろいろな建物や芸術品がふえたのはいいことだと思います。逆に人が多すぎて、
落ち着いた生活は送れませんでした。道いっぱいに広がり、ゴミはあちこちに落ちていて、
うるさい。夜も遅くまで人の声が聞こえて嫌でした。もう少しマナーを守ってくれるのなら開
催してもいいと思いますが、今は開催してほしくないです。　　　　　　（女　30代）

　　せっかく遠くまで来て頂いた来島者の方が満足して帰っていただけるよう、次回の芸術
祭では不便を感じない交通システムを作って頂きたい。島の中のバスも乗り降り自由のフ
リーパスを導入すべきではないでしょうか。　　　　　　　　　　　　　（女　30代）

　　芸術祭の間、たくさんの人達が訪れたが、交通手だんの都合で、直島に上陸したら、
そのまま、他の島に移動する船に乗るというのもたくさん見たので、その人たちに直島を見
てもらえたかどうかと、思っている。ある程度、宿泊、飲食に関する店が出来、良かった
部分もあるが、生き残って行けるかどうかの心配もある。婦人会やはなみずき等で、茶菓
のサービスをする休ケイ所が作られたが、休ケイの場所はともかく、2度3度とそこを利用
し、喫茶、食事処の利用をしない者も多いと聞き、商売のじゃまをしているのでは……と
今も思っています。一度、疑問に思い尋ねたことがあるが、直島に良い印象を持ってほし
いから…という答え。無償のボランティアを使い、町の経費を使って、地元の商売のじゃま
をしたという思いがぬぐえない。　　　　　　　　　　　　　　　　　　（女　50代）

　　人が道いっぱいで危険でした。交通マナーを守って欲しいと思う。　（女　70代以上）

　　期待していたのに、あまり参加出来なかったことを後悔しています。仕事が忙しくて（い
いわけかもしれませんが）、3年後は必ず参加します。　　　　　　　　（男　50代）

　直島町での経済効果はどれほどあったのか知りたい。　　　（男　70代以上）

　芸術祭が終わっても、島民の雇用などをもっと積極的に行えば島民の方ももっと意識や活動などが活発になると思います。　　　　　　　　　　　　　　　　（女　20代）

　観光客がうっとうしかった。自転車もてきとうにとめて通行のジャマにはなるし、とりあえずマナーが悪すぎ‼最悪　　　　　　　　　　　　　　　　　　　（男　20代）

・観光客が多過ぎて対応しきれていない。

・マナーが悪い。

・島民をあてにしないで欲しい。　　　　　　　　　　　　　　（女　50代）

　芸術祭を行うのであれば、島民にそれなりに気をくばってほしい。たとえば…

・島民なのに船のつみのこしにあい、時間をロスする。

・船にのってもイスに座れない。

・島がいくら田舎だといえど、田舎にも交通ルールは存在します（道路の真ん中歩くな!）。

・島内に人があふれかえっており、身動きがとれない（車が通れない）。

・観光客が泊まる場所がなかったり、道に迷ったり、港に帰れなかったりすると、家にまでたずねて来て道等を聞いたり、あげくのはてには「おくって下さい」等と言う。意味不明。自分でなんとかできないのなら、直島に来ないで欲しい。大変めいわく‼来るのであれば最低限のルールやマナーを守ってほしい。最低限これができないのであれば、次回の芸術祭は行わないでほしい。直島出ます!　　　　　　　　　　　　　　（女　20代）

　くる人のマナーが悪いです。家まできて○○まで送って下さいときたり、民宿に泊まっている人が夜12時まで大きな声でさわいでいる。　　　　　　　　　（女　40代）

・マナーの悪い観光客が目についた。

・人が多過ぎてフェリーに乗るのにも困った。　　　　　　　　（女　20代）

　観光客のマナーが悪すぎると思います。遊びに来るのであれば、自己管理はしっかりと行って欲しい。迷惑をかけないようにしてほしい。3年後、また行うのであれば、それまでに私は島を出ます。絶対反対!今のままでもたくさん観光客はいます!島民にとって、船は生活で必要な物なんです。乗れないと困るんです。　　　　　　　　　（女　30代）

　船の積み残しが多かった、次回はそういうことがないようにして欲しい。　（男　50代）

・島の良い処は静かさと純朴である。あふれる様な観光客に無茶苦茶にされたくない。

・活性化とにぎやかさとは大きな違いである。

・島民に何か良い事があったと思いますか。一部関係者が良かっただけで他は迷惑するだけであった。　　　　　　　　　　　　　　　　　　　　（男　70代以上）

・船の積み残し〈車・人〉　島民まで巻き込まれるのが困る。

・観光客のマナー　道路の真ん中を歩く等、主に交通マナーが悪い。

　次の芸術祭は反省点を改善して、行っていただけたら嬉しいです。期待しています‼　　　　　　　　　　　　　　　　　　　　　　　　　　　　　（女　20代）

　観光客により島の生活が不便になる（船便の積み残し、町内バス）　（男　40代）

　観光よりは芸術の島で行きたい。　　　　　　　　　　　　（男　50代）

　町内の交通がまひした（船の積み残し、バスに乗れない等）。また、観光客のマナーが悪い所が多々あった（道路の真ん中を歩く、自転車の通行が危ない）。　（女　20代）

　交通網の整備、来島者のマナーの向上、案内マップの整備、について十分な対応を

してほしい。　　　　　　　　　　　　　　　　　　　　　　　　（女　30代）

　船のつみ残し。旅行者の交通ルール違反で事故を起こしそうになった。　（女　60代）

　角屋近くでソフトクリームと宿（民宿）を営んでおります。ボランティアでお茶出しも大切な事とは思いましたが、自動販売機、ソフトクリームの売り上げがお茶出しボランティアの時だけ昨年（芸術祭前）より落ちて生活に困っているのはどうでしょう。生活のために店をしているものにとっては、ボランティアも考えて頂きたい!!　　　　　　　　（女　50代）

　利用者のマナーが悪い。車を車道横方へ止めず、真ん中に止めていたり、車運転の人は2列、3列横になって車通をはしったり、後ろから車がきてもチラッと見てよけようとしない（歩行者に関しても同じ）。後ろを見ずに急に曲がったり夜でも道がわからなくなると窓からのぞいて（夕食をしていた）ノックもしないので、こちらが気がつくまでじーと見ている。歩行者が車道真ん中に出て、車を止め、港まで乗せて下さいとか（車道に出てこられると危ない）。　　　　　　　　　　　　　　　　　　　　　　　（女　40代）

・交通マナーが悪い。・船の積み残し。　　　　　　　　　　　　　（女　40代）

・町内を見学する人のマナーが出来ない人が多くみられ町内に住んでいる人が気をつかわなければならない事が多い。

・今までは家をカギしないで外出出来ていた島が、それが出来ない状況です。

・車を運転していても、自転車で横並びになり、知らん顔していて、なかなか1れつになってくれない。

・自転車が、港の方にあった事が有った。足がわりに乗っていったと思う。　（女　60代）

・あの暑さの中、しんぼう強く各展示の前で何時間も順番を待っている人々に感動しました。

・他の観光地と違って、アート見学という目的を持って来島されているのでマナーもよかったと思います。

・ただ、帰りの船便を待つ港の混雑はなんとかした方がよかったと思う。

・三年後に開催される時はもう一工夫した方がよいかも。　　　　　（女　60代）

　仕方のない事ですが町内のいたる場所にゴミが増えた。フェリーに乗船できない事があった（宇野からの帰り、定員オーバーで）。島民位は優先的に乗船させてくれるなど何か対処してほしかったです。　　　　　　　　　　　　　　　　　　（女　30代）

　観光客の方、全員では無いと思いますが、マナーが非常に悪い。ゴミをその辺に捨てて行ったりタバコのすいがらを捨てる人もいる。人の家の前で写真を家主の断りなく撮ってみたり、あいさつもろくにしないすごく感じの悪い方もいました。島民が逆に観光客に気を使う感じ。車が通る道路を知ってか知らずか、自転車はてきとうに駐車する。横一列になって通行のジャマになるしとにかく3ヶ月は最悪。3年後に開催なんてとんでもない。やめてほしいくらいです。　　　　　　　　　　　　　　　　　　　　（女　40代）

　老婆心ながら気の付いたこと。

・県の設営の案内所はいいこころみだったが、島に渡っても入場制限があるともう少し判るように伝えるべきだったのでは。折角来て見れず不満を聞いた。

・パスポートの件

　パスポートを持っているから、直ぐに入場できる、見れると、思いこんでいた人は沢山居た、注意書に判るように大きく書いては、

・宣伝テレビ（含む）芸術祭が終わると、全体が無くなると思って居た人が多く宣伝の仕方に工夫が、

・次の開催に船の便をフレキシブルに手配できるように、工夫を。　　　　（男　60代）
　マナーの呼びかけを徹底してほしい。　　　　　　　　　　　　　　　（女　50代）
　観光客のマナーが非常に悪く不快だった。自転車のとび出し、船や島内の混雑で島のお年寄りは外に出られないと嘆いていました。観光客には喜ばれていたが島の人々は迷惑に思う事の方が多かったと思う。ゴミのポイ捨て、人の庭に勝手に入ったり…。非常に残念に思いました。　　　　　　　　　　　　　　　　　　　　　　（女　20代）
　利用者が多くて船の積残しが出たり、交通マナーの悪い人々が多くて迷惑をしました。住民の生活があるという事も考えて頂きたく思います。　　　　　　　　（女　60代）
　ウォーキングしておりますが、観光客に案内図が少なくてわかりにくいと良く云われた。空缶、ゴミのポイ捨てには困りました。道路をバイクで走っていると自転車で何台も逆走（右側）してくる。　　　　　　　　　　　　　　　　　　　（女　70代以上）
　一部の観光の方でしょうが、道路を歩くマナーの悪いのにはヒョッコリしました。本村のバス通り、脇道を道路一杯になって歩き、少々クラクションを鳴らしても除けてくれません。又タバコの吸殻のポイ捨て、食べかすなどを建物の隅っこなどへポイ。見るだけでも腹が立ちます。いっそうの事、これを機会にポイ捨ては町の条例で罰金にでもすればよいと思いますがそうも行きませんでしょう。地元の方の吸殻ポイ捨て、パッケージのポイ捨ても多くあります。何とかならないものでしょうか。これは病気で直りませんね。　　　（男　60代）
　観光客があまりに多い為、入場制限や見れないのは不満がでている。遠くから来るので考えてほしい。船の便も悪くたいへんだった。　　　　　　　　　　（女　60代）
　道一杯に歩き、島民の交通のさまたげになる。　　　　　　　　　　（女　60代）
　県の方針、進め方が島の自治体、行政の担当者うまく伝わらなく、ギクシャクした関係も生じてきていた。公演をする立場の側からすればどちらに相談し意見を聞くのかわからなく振り回された感じが微妙にあり、とまどう事もあった様に思います。　　（女　60代）
　船が積み残しが出て日常生活に支障が出たり、観光客が道路いっぱいになって車が来ても歩行者天国のようによけてくれないので困った。町政も観光方面に力を入れて、町民の生活に必要な所に税金を使って欲しい。町民専用バスもいいが、ものすごく経費がかかっていると思う。港のネオンよりも道路の暗い所に電灯をつけて欲しい。　（女　60代）
　来られた方々のマナーが悪い様に思われました。高速艇の整理券が発行されているのを島内の人が知らずに切符を購入に行くと整理券がないとのれません、との事があり、予定が変更になったりした事があります。島内の人への連絡事項がある場合は一報お知らせいただきたいと思いました。　　　　　　　　　　　　　　　　　　（女　60代）
　本村の狭い道路に観光客があふれ、住民の生活がおびやかされる。期間中は生活のリズムを変えざるを得なかった。　　　　　　　　　　　　　　　　　（男　50代）
　観光客のマナーが悪いと思う。道いっぱいになって歩く。　　　（男　70代以上）
　前回の瀬戸内国際芸術祭で島の不便さからくる観光客の方々からの不満の声がよく聞かれました。多くの観光客の方が一度に来島された為の混乱ではありますが、島にはちょっとした不便なことが色々あります。でもその中で町民は生活しています。色々反省すべきは反省し、次回に活かすことも必要でしょうが、このちょっとした不便さをもっと前面に

出してもいいのではないかと思います。都会では決して味わうことのできない不便さを少しだけ味わってほしいと思うのです。そういう事をすべて含めての『アートの島　直島』なのだから。　　　　　　　　　　　　　　　　　　　　　　　　　　（女　60代）

　自分は婦人会と、はなみずきの団体に所属しており、夏にはお茶出し接待をしたり、お花を咲かせて観光客の目を楽しませたりしました。お茶出しの時には、ちょっとしたさつまいものおやつを作っていっしょに出しました。お客さんに「おいしい」「これは何で作ったの?」と聞かれ、そこから会話が生まれ、楽しいひとときがありました。お花は毎日の水やりが思っていたよりたいへんでした。夏がいつもよりたいへん暑かったので、花より人間の方がしおれてかれてしまいそうでした。観光客の人のマナーの悪さは目につきました。道路で飲んだりたべたり、道いっぱいに広がって歩いたり……。　　　　　　　　（女　60代）

　ただ人だけ多くて住民にとっては迷惑。以前ののんびりした島に帰りたい。小豆島は観光の町、そちらに多くのイベントをもって行ってあげたら、と思います。　　（女　60代）

　観光客のマナーが悪い。ゴミがふえた（道の）。用心が悪くなった。（男　70代以上）

　多くの団体客がせまい道をイッパイ使用している。道路を歩く時は1列で通行し安全を確保するようにしてほしい。　　　　　　　　　　　　　　　　　　（男　70代以上）

　豊島へ行って、観光協会が電気自転車のレンタルをしていました。直島も電気自転車のレンタルをもっと積極的に行えば良いと思う。　　　　　　　　　　　　（女　40代）

　直島では普段から観光客が多いので、芸術祭により更に多くの人が来て、パンク状態だったように思う。また、交通面でも島の住民が観光客過多のため乗船できなかったりなど日常生活への悪影響もみられた。イベント自体は良いものだったが、住人の生活を乱さない配慮に欠けていたのは事実です。次回、芸術祭2013では、住民への配慮を忘れないで欲しい。　　　　　　　　　　　　　　　　　　　　　　　　　　（男　20代）

　私が何故楽しみにしていたにもかかわらず今回の芸術祭の作品を観に行かなかった理由を。私的には、芸術作品は、ゆっくり静かに観るものと思っています。毎日あれだけ多くの人が全国から来られて、どれだけの人が作品を理解して帰られたでしょう。短い時間で全部、一つでも多く観ようとあわただしく移動して、本当にアーティストの方々の表現が分かったのでしょうか。ただの観光として来られている方の中に入って観るのは気が進まず、とうとう行かず、終わってしまいました。それともう一つ、マナーの悪さです。何度も怒鳴りたいのを我慢した事か。島民の中には私と同じ思いをした人が多くいると思います。もう、人の多さ、マナーの悪さに、うんざりしただけの芸術祭でした。三年後に、又、あの思いをしないといけないかと思うと……。　　　　　　　　　　　　　　　　　（女　60代）

　観光客数に対して、フェリーの便数や時間を考えないと、3年後に再び開催するならば、内外からの不満が多く出て、大変になると思います。　　　　　　　　（女　40代）

　地中美術館が特に混雑していたのだが、スタッフの誘導、説明がとても悪く、さらに混雑することに。期間中、何度か行ったがなかなか改善されていなかった。早く並んでいた人が後からの入場になるような誘導はおかしすぎる。フェリーでの積み残しも、日常生活でフェリーを利用する住民（島民）が使えないのはおかしい。次回も開催するならば、必ず改善して欲しい。　　　　　　　　　　　　　　　　　　　　　　　　（女　40代）

　私の家は家プロジェクトの角屋の前です。芸術祭以前より多くの観光客が来ていますが、現代アートを見に来る人は一般の行楽地へ行く人よりもモラル面で一段高い人だと

思っていました。しかし芸術祭期間中あまりにも多くの人が来ると中には現代アートが何か分からずただ話題になっているので来たという人が数多く見られました。直島は道案内の標識がないという苦情を言う中年の人もかなりいました。もし3年後に同様の芸術祭を開催するのであればやはり直島が中心的な場所になると思われるので、今回以上の人が来島すると予想されます。それには準備が必要です。海上輸送、島内輸送の充実、見学場所での行列の問題、食事処の用意などです。もう1つ開催の時季を天候のいいシーズンにしてはいかがでしょうか。私各島の作品をほとんど見学しましたが、直島以外の島の作品は数ヶ所を除いて今一つだったと思います。次回は作品の質の向上にも力を入れて下さい。　　　　　　　　　　　　　　　　　　　　　　　　　　　　　（男　60代）

定員オーバーで船に乗れなかった時はびっくりしました。都会のように次の便がすぐ来るわけでもなく、1時間も待つ事になりました。娘（島外にいます）も3～4回乗れなかったので次回はそのあたりを考えてほしいと思います。又、島内の道路を歩行者天国の様に何列もで歩いている観光客に、車で通る時すごく迷惑でした。　　　　　　（女　50代）

買物や通院など普段の生活の足である船に観光客で混雑したり乗れなかったりするのは困るし、ゴミを散らかしたり勝手にあれこれ写真をとったりするようなマナーの悪い観光客もいる。観光産業や実行委員のようなものに関わっていない一般市民にとってはいつもより不便を感じることが多かった。　　　　　　　　　　　　　　　　　　（女　30代）

芸術祭をメディアで大きく取り上げられて、身近な人（関東方面）からも興味を持ってもらえたと思います。観光客も増え、島に活気が出たと思いますが、船が混んで島の人達が乗れなかったり、マナーの悪い人もいたりと、改善点もあると思います。全体的に見れば、今まで、島について知らなかった人達にも知って興味を持ってもらえたという点と活気が出たという点では、よかったと思います。　　　　　　　　　　　（女　30代）

観光客のマナーが悪い。　　　　　　　　　　　　　　　　　　（男　60代）

島のちあんがわるくなった。　　　　　　　　　　　　　　　　（男　60代）

マナーの良い観光客とマナーの悪い観光客の差が激しかった。特に道路を端から端まで防いだり、車が来ても全くよけようとしない人もたくさんいました。
　　　　　　　　　　　　　　　　　　　　　　　　　　　　　（男　30代）

宮ノ浦の方にも後2ヶ所位作ってほしいです。　　　　　　　　（女　60代）

交通マナーが悪い。「生活道路の中央を無断停車、自転車や歩行者が通過時中央を通行して、島民の車等の邪魔に成る行為」事故がありました。海の駅「なおしま」の前で無断停車中の車に○○運送のトラックが追突を目撃しました。乗船時車両が海の駅「なおしま」指定駐車場からあわてて行こうとする傾向がみられました。柱に接触していたこともある。時間のゆとりを持ってほしい。　　　　　　　　　　　　　（男　40代）

93万人……というのは、「ヤオチョウ」だと、テレビで言われていてかなりショックを受けた。人数の数え方の問題でそこまで言われるのかと。「ヤオチョウ」は辛い。確かにそれほど来ていないだろうと思ったが、でもたくさんの人が来てくれてとても嬉しかったのは確かな気持だ。　　　　　　　　　　　　　　　　　　　　　　　　　（男　50代）

第2章 瀬戸内国際芸術祭におけるGPS軌跡データに基づいた観光者行動分析

金　徳謙

I. はじめに

　政府は、訪日外国人旅行者を増加させるため、ビジット・ジャパン事業やMICE[1] の開催・誘致の推進などの施策を積極的に講ずることで、地域振興を図っている。近年、各地でそれにあわせたイベント開催や、外国人観光客増加を図るための各種誘致活動などを積極的におこなっている。2010年香川県で島嶼地域を中心に開催された瀬戸内国際芸術祭もそのひとつと言える。

　瀬戸内国際芸術祭の正式な名称は「瀬戸内国際芸術祭2010　アートと海を巡る百日間の冒険」（以下、芸術祭と称す）である。芸術祭は2010年7月19日から10月31日までの間、香川県の直島、豊島、女木島、男木島、小豆島、大島、高松港周辺、および岡山県の犬島を開催地とする瀬戸内海地域で開催され、18カ国と地域から75組のアーティスト、プロジェクトおよび、16のイベントが参加した。瀬戸内海地域においてこれほどの大規模のイベントが開催される機会は多くなく、イベント開催そのものが大きな成果と言える。全国各地および外国から多くの観光者が訪れたことはなおさら大きな成果と言え、とくに、関東地方など遠方からの観光者や若年層の観光者が多く訪れたことは特記に値する成果と言える。第1回目であった芸術祭は地元においても多大な反響があり、次回の開催も2013年に決定された。一定の成果をあげた芸術祭は今後の継続的な開催への期待も大きい。

---

[1] 観光庁によるとMICEとは、企業等の会議（Meeting）、企業等の行う報奨・研修旅行（インセンティブ旅行）（Incentive Travel）、国際機関・団体、学会等が行う国際会議（Convention）、展示会・見本市、イベント（Exhibition / Event）の頭文字のこと。多くの集客交流が見込まれるビジネスイベントなどの総称と定義づけられている。

　芸術祭を通じて得られた正の効果に、多くの来訪者による地元への経済効果や地元住民同士のコミュニケーション拡大などがあり、芸術祭は地元に一定の効果をもたらしたと言える。しかしその一方で、芸術祭が開催された期間中地域の収容能力を超える多くの観光者が訪れた。その結果、今後の対応についての課題も確認された。

　今後芸術祭の持続的な開催のために、開催期間中に得られた効果の分析や課題改善のための取り組みは大事な点になる。その理由に、芸術祭で確認された課題が観光者の満足度に与える影響が大きいことがあげられる。観光地において来訪者に満足してもらうことは重要である。満足度が高いほど再度来訪する確率が高いからである。満足度を高めるために用いられる手法に人的サービスの向上がもっとも一般的と言える。それは受入側が提供するサービスの品質の程度が満足度を決めるからである。

　人的サービスを取り上げる研究は目に見えない満足の度合いを測定するため、多くの場合、アンケート調査やインタビュー調査などの手法が用いられている[2]。しかし他方で、来訪者の満足度に影響する要因に観光地そのものがあり、満足の度合いは行動に表れると考えられる。来訪者の行動を調査・分析することにより満足箇所（空間満足）や満足度合を測る手法が用いられているが、研究の事例は多くない。観光者の行動を取り上げる研究を概観すると、従来から用いられている手法として追跡調査やアンケート調査、インタビュー調査、観測調査などがある。定量的分析の有効性は古くから認められているが[3]、調査に関連する課題が多く、定性分析が用いられているのが現状と言える[4]。

　本稿では、観光者の満足の現れとしての行動を調査することにより、行動と満足の関係の解明を試みるものである。本稿における基本的な考

---

[2] 前田などが観光におけるサービスやホスピタリティの分野で古くから研究をおこなっており、観光領域おいては観光心理学として認識されている。著書に『サービス新時代』(1995)、『観光とサービスの心理学』(1995) などがあり、観光サービスが一般的なサービス理論と区別されることについても触れている。
[3] L.Mitchell & E. Murphy (1999) は、観光学研究に地理学的アプローチが貢献できることに、GISなどを用いた精度の高い定量的分析をあげている。

え方は図1のように表すことができる。

II. 調査

1 調査地の概要

　直島は香川県香川郡に属する瀬戸内海上に立地し、直島諸島の大小27の島々で構成される面積14.23km²の島で、高松市の北に約13km、岡山県玉野市の南に約3kmに立地している。直島までのアクセス方法は、フェリーで香川県高松市高松港から約1時間あるいは、岡山県玉野市宇野港から約20分の2通りで、距離的にも生活圏的にも岡山県に近い。総務省の推計によると、人口は1970年6,007人であったのに対し、2011年12月1日の時点で3,304人となりおおよそ半減し、他の島嶼地域同様、減少傾向が続いている。

　1916年三菱の精錬所を受け入れて依頼、直島は企業城下町として発展していたが、その後ハマチや海苔の養殖が盛んになり、主要産業となった。一方、1987年現在のベネッセグループは島内の土地購入をはじめ、1989年には直島国際キャンプ場がオープンした。また、直島文化村構想を立て、1992年にはホテル・美術館のベネッセハウスの建設や、古民家再生プランとして現代美術の恒久展示場の家プロジェクト[5]などの事業の展開をおこなってきた。その結果直島では、観光業が島内の重要な産業のひとつに成長している。

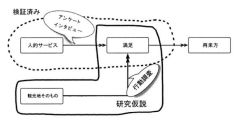

図1　研究の視点

----

[4] 金（2011）は、人間行動をとりあげる研究は、観光領域の場合、定性的分析が多く、定量的分析があまりみられないと指摘している。例えば、山本（2011）がそれにあたり、人間行動の定性的分析を試みている。詳しくは、備讃瀬戸における観光者の変容を指摘している。来訪者層や来訪目的、再来訪意向などを取り上げている。山本（2011）の研究から、備讃瀬戸地区に来訪する観光者は従来のマス・ツーリズム型からニューツーリズム型に、自然に対して満足度が高い層に変容していると言える。

現在、直島は香川県を代表する看板観光地と言え、現代美術の島として国内外に知られている。直島に訪れる観光者は一年を通して多く、外国人観光者も珍しくない。2010年には芸術祭の開催地となり全国各地および外国から多くの観光者が訪れた。直島は香川県を代表する観光地を超え、瀬戸内海地域を代表する観光地に成長したと言える。直島を訪れる多くの観光者が訪れる地区には、美術館がある地区と古民家再生プロジェクトによる恒久展示場地区の本村地区の2地区がある。前者は美術館という施設となるが、後者はまち歩きや施設への入場観光が楽しめる空間である。そのため、本稿では後者の本村地区を選定した。本村地区内における施設などの分布は図2で確認できる。

2　調査の手続き

　調査は、芸術祭の期間中で、かつ遠方からの来訪者がもっとも多い夏季休暇期間の2010年8月17日（火）、19日（木）、20日（金）、22日（日）の4日間実施した。天候は、調査期間中の4日間ともに快晴であったが、気温は非常に高く、3日目の20日を除いて35℃を上回った。

　調査方法は、直島の宮浦港のフェリーターミナルから町内バスを利用する観光者がもっとも多く利用する「農協前」バス停周辺で、調査員が10時から14時までの間来訪者に調査の趣旨を説明したうえGPS端末を配布し、16時半までの間に同バス停周辺で回収する形式

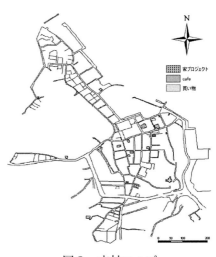

図2　本村マップ

5) 家プロジェクトは、1997年「角屋」、1999年「南寺」、2001年「ぎんざ」、2002年「護王神社」につづき、2006年には「石橋」・「碁会所」・「はいしゃ」が公開され現在は7箇所の恒久展示となっている。

でおこなった。GPS端末による歩行軌跡データの収集に加え、属性など
の関連データの収集のため、簡単なアンケート調査も並行しておこなっ
た。GPS端末は1グループに1台、属性関連データはグループの全員に
協力してもらった。

　調査に使ったGPS端末は、I.D.A社 Holux M-241で、32.1㎜×30㎜×
74.5㎜の筒型の形状をしており、電池を含む重量は39gの小型軽量のタ
イプで、端末性能は受信感度159dB、位置精度3ｍのものである。調査
の時点で、一般的なGPS端末の位置精度が10mであるのに対しM-241の
位置精度は3ｍで位置精度が高い端末である。そのため、今回のような
比較的狭い地域を対象とする調査に適している端末と言える。4日間の
調査で132グループから協力を得ることができたが、電池切れやその他
のエラーにより分析に適さない無効サンプルを取り除き、分析に用いる
ことができる有効データは107サンプルとなり、有効データの収集率は
81.06％であった。一方、参加者全員に協力してもらった属性関連デー
タの収集は248サンプルを得ることができた。

Ⅲ. 調査内容および分析

1　属性データの分析

　調査では全国各地から直島に訪れた観光者の居住地域を北海道、東
北、関東、中部、近畿、中国、香川・岡山、四国、九州、沖縄の11地域・
地方および不明に区分したうえ、分析を進めていく[6]。なお、図3から
分かるように沖縄地域は掲載されていない。その理由は今回の調査で来
訪者がいなかったためである。

（1）来訪者の居住地別

　近畿地方からが82人、関東地方から81人、香川・岡山から37人とつづ
いた。その他詳細な来訪者居住地別区分は図3の通りである。このよう
に来訪者の居住する地域区分ではこのように近畿および関東地方がもっ

---

[6] 直島の生活圏である香川県および岡山県は別に区分してある。そのため、中
国地方からは岡山県を、四国地方からは香川県を除いた結果となっている。

とも多く、香川・岡山はその半分程度に留まっていることが分かる。しかし、一般的に観光地での来訪者は近隣地域からがもっとも多く、距離が遠くなるにつれ来訪者が減少するとされている。もちろん、関東や近畿の人口密集地域が影響している結果と考えられるが、香川・岡山における通常期の両地方からの来訪者を考慮してもその比率は低くない。今回の調査ではこのように一般的な現象とは異なる現象が確認された。

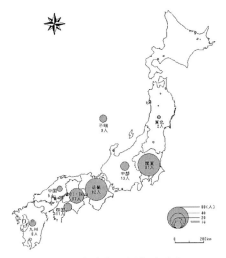

図3　来訪者の居住地分布

（2）性別

性別による区分ではすべての地域で男性より女性が同等または多い傾向であった。また、来訪者が多い地方になるほど女性の比率が多くなる傾向があることも分かったが、香川・岡山および四国のような近隣地域からの来訪者の場合は若干男性の比率が多い傾向であった。全体の性別区分は図4から確認できる。

図4　性別区分

（3）年代別

来訪者を年代別に区分すると、20代がもっとも多く、30代、50代、40代とつづいた。40代と50代はほぼ同数で、順に24人、22人であった。30代まで層と40代以上の層に両分すると、全体の76％を若い層が占める結果となった。国内において若い層が圧倒的に多い観光地はテーマパーク

などがあげられ、その他の観光地では中高年層の比率が高くなる傾向がある。このような年代構成を踏まえて考えると、若い層が多く来訪したことは特記すべきことと言える。とくに、20代の来訪が非常に多く、九州や東北地方を除き地域別来訪者のうち、50%を超えていた。各地からの来訪者の年代分布は図5の通りである。

（4）グループ人数別

　一緒に行動する行動単位グループ別の人数の調査では2人での来訪が最も多く、3－4人のグループがつづいた。そのあと、関東および近畿地方ではひとりでの来訪がつづいたが、香川・岡山は5人以上の団体によるグループがつづいた。また、香川・岡山や、四国、中国の近隣地方からの来訪者はひとりでの来訪はなかった。このように、グループの人数、いわゆる旅行サイズが非常にコンパクトで、特徴的であった。

（5）グループ構成別

　一緒に来た人の間柄を調べた項目では、家族がもっとも多く、友人・知人、恋人がつづいた。家族と答えたひとは81人で、そのうち54人はふたりであった。つまり、ほとんどが夫婦だけの家族と言え、恋人や夫婦での来訪が非常に多いことが分かった。また、関東

図5　年代別区分

図6　グループ人数別

地方からの来訪者は家族との来訪が多く、近畿地方および香川・岡山からの来訪者は友人・知人との来訪が多い傾向がみられた。その理由に、関東からの来訪者の多くは夏季休暇期間中であったこともあり、家族みんなでの帰省途中の観光が考えられる。それに対し、近畿および香川・岡山からは、直島は日帰り観光、あるいは1泊圏内の観光地であるため、友人・知人との観光が気軽にできる範囲内に立地していることが考えられる。なお、各地からの来訪者のグループ構成は図7の通りである。

（6）来訪経験別

　まち並み観光地など観て楽しむ一般的な観光地に何度もリピートする来訪者は少なく、複数回目の来訪者の場合も前回の来訪までの期間が長い傾向がある。また、居住地域までの距離が近いほど来訪する回数が増えるとされている。初めての来訪か複数回目の来訪かを調べた結果、関東および近畿地方、香川・岡山からの来訪者の場合は前述通りの結果となった。しかし、四国と中国地方からの来訪者の場合、近隣地域からの来訪にもかかわらず、すべての被験者が初めての訪問であった。なお、各地からの来訪者の訪問経験は図8の通りである。

図7　グループ構成別

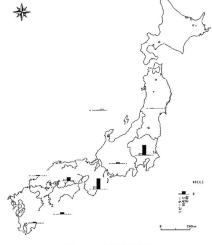

図8　訪問経験別

2　観光行動の分析

（1）分析の視点

　行動分析に用いられる手法として、歩行速度[7], [8]、滞在時間[9]、トリップ[10], [11]数などがあげられる。それぞれが満足度との関係を明らかにできる手法と言え、誰がどこで（何に）満足しているのかを調べる、つまり行動分析を通じて被験者の満足度を分析することができる。本稿では、それらの手法のうち、トリップの視点から分析を進めていく。

（2）分析内容

　本節では来訪者の行動を記録した軌跡データの分析をおこなう。観光行動は同行するグループ構成によって異なることが推測できる。そこで本節では、男性のみのグループ、女性のみのグループ、男女混合のカップルグループに区分し、さらに年代別の行動特徴を、若年層の20代まで・中年層の30－50代・高年層の60代以上の３つの層[12]に区分したうえ、分析を進めていく。詳しくは、来訪者の行動の傾向や特徴を明らかにするため、トリップ数を「多い」と「平均的・少ない」の２段階で評価し

---

[7] 青田ほか（2005）は、歩行速度は周辺空間の環境により変化すると指摘し、歩行速度の分析から空間利用の実態や空間魅力などを明らかにすることを示唆している。

[8] 伊藤ほか（2008）は、歩行速度と街路空間の魅力との関係を分析し、歩行速度と魅力には逆相関関係があることを明らかにした。さらに、魅力的に感じる歩行速度は秒速1.39m/s（時速5.004m/h）以下、非常に魅力的に感じる歩行速度を秒速1.33m/s（時速4.788m/h）以下と結論づけている。

[9] 矢部ほか（2009）は上野動物園における来園者の行動を各動物ゾーンでの滞在時間と満足度を分析した。

[10] トリップとは、歩行者がある目的をもって、「ある地点」から「ある地点」に移動する単位を指す。一般にトリップの視点を用いる研究では個人の行動を分析する、いわゆるパーソントリップ調査がもっとも多く、個人の行動パターンおよび個人が利用する移動手段における問題点などを解明することができる。そのため、将来予測や政策策定などに関連する分野で応用されている。しかし、観光行動研究の分野においてはほとんどみられない。

[11] 本稿におけるトリップとは、一般的な考え方とはすこし異なり、観光スポットに訪れ滞在し、その観光スポットから離れるまでをひとつのトリップと見なす。

[12] 未婚で、カップルの場合が多いと想定され、20代を若年層に、30代から50代までは既婚で、育児期間と想定できることから中年層に、子供の成長による独立と定年を迎える年代と想定できる60代以上を高齢層に区分した。

分析を進めていく。分析に用いる
有効サンプルの行動軌跡を表すと
図9の通りである。図9の行動軌
跡から各来訪者のトリップ数を抽
出し、2段階評価をおこなった結
果をまとめたのが表1である。

1）カップル

　カップルでの来訪は若年層が
もっとも多く、40代の中年層がつ
づいた。関東からは若年層と中年
層の来訪が確認できたが、京阪神
からは中年層のみ確認できた。香
川県内からは若年層および中年層
が確認できた。他方で、近県から
の来訪は確認されなかった。

　カップルのトリップ数の分析で
は、関東からの来訪者は若年層と
中年層で異なり、若年層は多く、
中年層は平均的あるいは少なかっ
た。京阪神からの来訪者は中年層
だけで、多かった。香川県内から
の来訪者はトリップ数が平均的あ
るいは少なかった（図10参照）。
この結果から、遠方からの来訪者
はより積極的に観光スポットを訪
ね歩く傾向が強く、近くからの来
訪者は時間をかけて数カ所だけを訪ねる傾向があることが分かった。

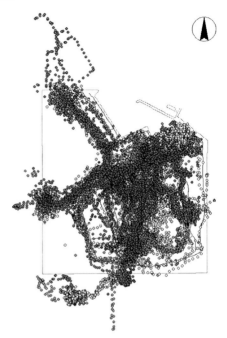

図9　　全被験者の歩行軌跡分布

表1　　トリップ数の2段階評価結果

グループ別	年代別	関東	京阪神	近県	香川
カップル	若年層	＋	・	・	－
	中年層	－	＋	・	・
	高年層	・	・	・	・
男性	若年層	＋	－	－	－
	中年層	＋	＋	－	・
	高年層	・	・	・	・
女性	若年層	＋	＋	－	－
	中年層	＋	・	・	・
	高年層	＋	＋	・	・

＋：トリップ数が多い、
－：トリップ数が平均的または少ない、
・：被験者なし

2）男性

　男性グループの来訪者は若年層と中年層だけで、高年層の来訪は確認

されなかった。

　年代層別には、若年層のトリップ数が中年層に比較し少なく、関東からの来訪者のトリップ数が多いだけでその他の京阪神、近県、香川県内からの来訪者のトリップ数は平均的あるいは少なかった。他方で、中年層においては関東や京阪神からの来訪者のトリップ数が多く、近県からの来訪者のトリップ数が平均的あるいは少ないことが分かった。また、香川県内からの男性グループの来訪者は確認されなかった。男性のみのグループにおいても遠方からの来訪者が積極的に観光スポットに訪ね歩いたと言える。京阪神の来訪者の場合、中年層は積極的で、トリップ数が伸びたが、若年層のトリップ数は少なかった。

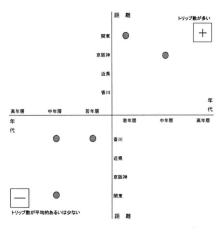

図10　カップルのトリップ数分布

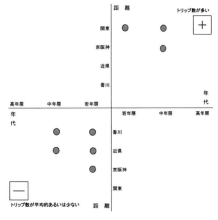

図11　男性のトリップ数分布

　この結果から、男性のグループの場合、居住地域までの距離が増えるにつれ訪ね歩く観光スポットが増加する傾向があることが確認され（図11参照）、前節のカップルの場合と同様な結果を示した。

3）女性

　女性グループの来訪者は若年層、中年層、高年層すべての層に分布しており、もっとも多かった。年代層でみると、若年層は関東および京阪神からの来訪者はトリップ数が多く、近県および香川県内からの来訪者は平均的あるいは少ないトリップ数を記録し、遠方からの来訪者が観光

スポットを積極的に訪ね歩いたことが分かる。中年層では、関東からの来訪者のトリップ数は多いがその他は平均的あるいは少なく、積極的に観光スポットを訪ね歩いたひとが若年層に比べ少なかった。高年層では、若年層同様関東および京阪神からの来訪者のトリップ数は多く、近県および香川県内からの来訪者は平均的あるいは少ないトリップ数をみせており、遠方からの来訪者が積極的に観光スポットを訪ね歩いたことが確認された。

　女性の来訪者は他グループよりトリップ数が多く、とくに遠方からの来訪者のトリップ数が多く、積極的に地域内の観光スポットに足を運んだことが分かった（図12参照）。このことから女性グループは他のグループに比べ旅行参加に積極的で、かつ観光行動にも積極的であると言えよう。しかし、女性においても遠方からの来訪者のトリップ数が多く、カップルや男性グループ同様、居住地域とトリップ数が比例する傾向が確認された。

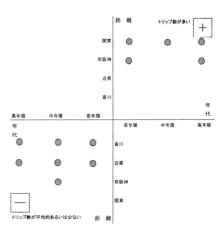

図12　女性のトリップ数分布

Ⅳ. 考察

　本稿では本村地域内での歩行行動をトリップの視点から分析をおこなった。その結果から、以下のことが明らかになった。

　第一に、観光形態の変化傾向の再確認[13]である。

　前節までの分析結果を踏まえると、各グループにおける行動特徴を

---

[13]　4）で述べたように山本（2011）は瀬戸内海地域において来訪者の観光形態の変化の兆しがあると述べている。本稿の調査でも山本の結論が再確認されたことになった。

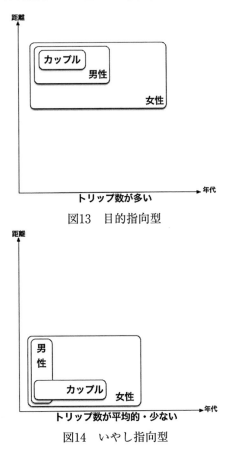

図13　目的指向型

図14　いやし指向型

トリップ数で両分することができる。トリップ数が多い来訪者は図13のような行動特徴をみせている。遠方からの来訪者はどの層もトリップ数が多いこと、また、女性＞男性＞カップルの順にトリップ数が多いことが分かる。このことから遠方からの来訪者は、来訪目的が明確で、その結果トリップ数が増加したと推測できる。その一方で、トリップ数が平均的あるいは少ない来訪者は図14のような行動特徴を見せており、香川県内および近県からの来訪者はトリップ数が少ないことが分かる。その理由に、来訪経験や再来訪の可能性、本村に関する情報量などが影響したと推測できる。遠方からの来訪者が多く観て廻ろうとしていたのに対し、近くからの来訪者は時間的に余裕をもってのんびりと楽しむことを選択した結果と考えられる。これらをまとめると、多く観て廻るタイプは「目的指向型」と表現でき、現代美術の島、直島を楽しむため、距離に影響されず来訪した形態と言える。それに対してのんびり楽しむタイプは直島で癒やしの時間を楽しむかあるいは過去の直島での記憶を回顧する時間を楽しむ「癒やし指向型（または「回顧指向型」）」と称することができよう。

　かつてはできるだけ多くの観光地を廻る、いわゆる「マス・ツーリズム型」が主な観光形態であったが、興味ある対象だけを徹底的に楽しむ「目的指向型」に移行していることは既知のことである。今回の調査で

は、さらなる観光形態の変化が確認された結果となった。「マス・ツーリズム型」や「目的指向型」とは異なり、のんびりとした時間を楽しむ、いわゆる「癒やし指向型（または回顧指向型）」である。

　その結果、本稿における分析視点であったトリップ概念[14]だけでは説明できない部分が生じたと考えられる。そのため、観光行動と満足の関係を解明するまでに至らなかった。具体的には、トリップ数の増加と観光地に対する満足度の向上に必ずしも相関関係が成立するとは言えないことで、観光形態によって両者間の関係は異なる結果になることである。

　第二に、瀬戸内海地域のイメージ管理の必要性である。

　調査ではローカル観光地における大型イベント開催の意義と島嶼観光地における課題を確認することができた。ローカル観光地における大型イベントの開催は知名度向上に貢献し、遠方からの目的指向型の来訪者の集客につながることが確認された。しかし同時に、瀬戸内海地域が有する静けさや癒やしなどのイメージ低下にもつながることも確認された。前者は観光における短期効果と言え、即効性がある一方で、その効果を維持するためには断続的にイベントの開催など、集客のためのプロモーション活動が必要になる。また、来訪者のニーズを的確に理解したうえ、満足度向上に向けた人的サービスの向上はもちろん、空間利用も改める必要があると言える。それに対して後者は長期効果と言え、効果が現れるには長い時間が要される。なおかつ、社会的な認識の変化も欠かせない。山本（2011）が指摘し、また今回の調査でも確認された芸術祭期間中瀬戸内海地域における来訪者の観光形態の変化は、今後その動きがさらに活発になるようにしていく必要があると言える。

　藤井ほか（1999）は、個人所有でない景観や風景など、いわゆる公共のものに対する犯罪意思は薄く、公共のものの姿、つまりイメージを保つためには対策を講ずる必要があるとし、公共のものは犯罪意識の低さ

[14] 観光地に訪れる来訪者は地域内の観光スポットを訪ね歩く。その際、地域内に点在する観光スポットを訪ねた数が多くなるほどその地域に対する満足度が高まるとの仮説を立て、論を進めてきた。

から守られにくいことをコモンズの悲劇と表現、警鐘を鳴らした。このことから、瀬戸内海地域がもつ癒やしのイメージの維持のための対策は急務と言える。前述通り、山本（2011）が指摘した「癒やし指向型」への観光形態の変化は欧州の島嶼観光では早く、すでに一般的なことと言える。その影響を受け、島嶼観光地においては地域の収容能力を保持する、つまりイメージ管理のための対策を講ずることは欠かせないことと認識されている[15]。

　最後にこれらの２点を踏まえると、「目的指向型」から「癒やし指向型（回顧指向型）」に観光形態が変化し、瀬戸内海地域の価値が再評価されることになると言える（図15参照）。そのため、今後高まるだろう瀬戸内海地域のニーズに適切に対応するため、戦略的なイメージ管理が望まれる。

V. 終わりに

　芸術祭における来訪者の行動軌跡の分析を通じて、観光形態の変化が再確認された。また、島嶼観光地における課題を明確にすることができた。その点を踏まえ、瀬戸内海地域のニーズの高まりに向けた戦略的な

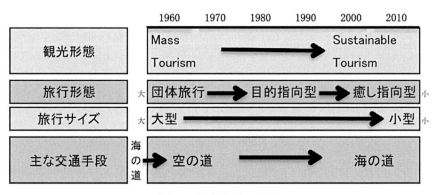

図15　観光形態の変遷

---

[15] Wiesner E.（2000）は、ドイツ北部のSylt島の発展史をとり上げた研究で観光形態の変化による島内地域における空間利用の変化および、それによる環境破壊を論じ、それがもたらす地域イメージの低下を論じた。

イメージ管理の必要性を提案した。しかし一方では、当初の研究仮説の検証には至っていない。そのため、今後さらに行動と満足の関係の解明に、観光形態別、さらに交通手段の変化などを変数に取り入れた研究が進むことを期待したい。

【参考文献】

伊藤美穂・松本直司（2008）「都市における街路空間の魅力と歩行速度の関係」『日本建築学会大会学術講演梗概集（中国）』2008年９月、pp.589-590

清田真矢・松本直司（2005）「都市の街路空間構成と歩行速度の関係」『日本建築学会大会学術講演梗概集（近畿）』2005年９月、pp.1205-1206

金徳謙（2011）|「てくてくカード」の利用実態に基づく観光行動の分析|『香川大学経済論叢』Vol.83, No.4, pp.129-150.

田中一成・杉本貴理・上田将平・吉川眞（2007）「GISを用いた観光地・観光施設の段階的移動空間評価法」『日本建築学会大会学術講演梗概集』Vol.2007年８月、pp.827-828.

藤井勝義・田中耕司・秋道智弥（1999）『自然はだれのものか　「コモンズの悲劇」を超えて』昭和堂

松本修一（2009）「GPS携帯を活用した行動調査に関する基礎的研究」『KEIO SFC Journal』Vol.9, No.1, pp.21-28.

矢部直人・有馬貴之・岡村　祐・角野貴信（2010）「GPSを用いた観光行動調査の課題と分析手法の検討」『観光科学研究』Vol.3, pp.17-30.

矢部直人・有馬貴之・岡村祐・角野貴信（2009）「上野動物園におけるGPSを用いた来園者行動の分析」『日本観光研究学会全国大会学術論文集』Vol.24, pp.229-232.

山下良久・余川欣也・内山久雄（2006）「ターミナル駅構内における旅客行動追跡調査」『運輸政策研究』Vol.9, No.3, pp.14-20.

山本暁美（2010）「備讃瀬戸における訪問者（ツーリスト）の変容に関する調査・研究」『瀬戸内海文化研究・活動支援助成報告書』第５回、pp.30-31.

山本泰裕・伊藤弘・小野良平・下村彰男（2006）「GPSを用いた新宿御苑における利用者の行動パターンに関する研究」『ランドスケープ研究』Vol.69, No.5, pp.601-604.

吉田樹・太田悠悟・秋山哲男（2009）「大都市観光地域における来街者行動特性とその調査手法に関する基礎的研究」『観光科学研究』Vol.2, pp.13-20.

吉田樹・杉町大輔・太田悠悟・秋山哲男（2008）「都市地域の短時間観光行動の

実態とその調査手法構築に向けた基礎的検討」『観光科学研究』Vol.1, pp.9-18.

李早・宗本順三・吉田哲・唐ペン（2008）「GPSを用いた水辺での行動の研究」『日本建築学会計画系論文集』Vol.73, No.630, pp.1665-1673.

Ellen Wiesner（2000）Fremdenverkehrsentwicklung auf Sylt und deren Auswirkung auf die Natur- und Kulturland-schaft, Universität Karlsruhe.

L. S. Mitchell and P. E. Murphy（1999）Geography and Tourism, Annals of Tourism Research, Vol.18, pp.57-70.

N. Shoval and M. Isaacson（2007）Tracking Tourists in the Digital Age, Annals of Tourism Research, Vol.34, No.1, pp.141-159.

第3章　瀬戸内の島々の最近の光明 －志々島と小豆島－

稲田　道彦

1　はじめに

　筆者が島嶼世界を考える時に、いつも自分の考えの基準とする島がある。志々島である。現在は行政的に香川県三豊市の一部となっているが、遠い過去には隣の粟島とともに一つの行政村をなしていた時代もあった。面積は0.59平方キロメートルという小さい島である。ここに第2次世界大戦直後には約1000人の人口があったという（上田勝見・阿部日吉1974、p37）。これが今では約20名程度に減少してしまった。この減り具合は驚きである。私にとって志々島が特別である理由は、志々島だけが様式の違う墓をつくることであった。これについてはここでは述べない（稲田道彦（2010））。志々島に何度も通うちに、瀬戸内海の島嶼のもつ特徴をこの島が凝縮してもっているように思え始めた。瀬戸内海にあって、面積が小さいことがもたらす影響を考えるのに最適であると思えた。島において、人々は狭い領域内で生活を展開せざるを得ないという宿命がある。狭いことは、まず自然環境として大きな制約となる。川がないので人が生活をするうえで必須の水が得にくい。また面積も小さいので燃料となる薪も一度取ってしまえば再生に少なくとも10年はかかってしまう。飲料水と燃料の問題を克服しなければ居住が許されなかった。次に主要産業の一つとなる農業のための耕地も狭いので農業生産物は生活を維持していくために工夫される必要があった。自給的な性格の強い時代に、生活をしているうちは何とかなったが、金銭で決済する貨幣経済社会の到

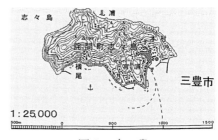

図1　志々島

来で、子供を育てる過程で金銭の蓄えの問題が大きくなった。他地域に対して島から何かを売って、島に資金を蓄積していなければばらない時代が重みとなった。自給的な島の生活は変換を余儀なくされた。幸いに志々島は江戸時代からの伝統で、付近の漁民に比べて非常に広い漁場を占有していた。明治時代から漁業による収入は多かった。しかし瀬戸内海域の漁業資源の減少とともに漁業が縮小していった。ある漁民の話では1960年代の最盛期には一網に12貫（約45kg）のイカナゴがとれたが、現在ではイカナゴそのものが地先の漁場から消えてしまったという。そしてそれを餌にしていた大型魚も消えてしまったという。漁業資源という島民のスケールではどうしようもない問題も島を取り巻いている自然環境の一つである。

　自然条件だけでなくそこに住まう人の側が作る制約もある。社会の特質として、近所の人と共同関係を維持するために、濃密な人と人との関係を構築せざるを得ない。人口が少ないので、島におよぶ危機や災害や種々の問題は全島民で克服していかねばならない。そのため島では、種々の連帯組織、階層による支配・被支配という組織、人々に希望を与える宗教などの人と人をつなぐいくつもの関係が生み出されてきたと考えている。基盤とする自然・人文条件がある種のバランスの上に成り立っているので、なんでもない出来事が対処を誤ると島では危機的状況になった。孤立しているため、世の中の動きから超然としているように想像される島が、時代の変化の影響が一番鋭敏に表れた場所でもあったと考えている。政治においても、経済においても、文化においても。島の人が直面してきた状況はそれぞれの問題を人任せにはできなかった。筆者は志々島については報告したことがある（稲田道彦、2007）。この時に島に感じていたのは、長い間にわたって人口が減少し続け、住民の高齢化が一年一年進んできた志々島の将来がどのように想像されるのであろうかという気持であった。

　そういう中にあって、今回の報告は志々島に現住民に対して一世代若い世代の人が住み始めたことを光明であると感じて筆をとっている。こ

こでは、今までの状況と、新しい移住者にスポットライトを当てて考え
て見たい。

　もう一つの光明は小豆島の観光の黎明期に活躍した島の人の活動に光
が当てられたことである。国立公園制定60周年の記念事業としての事業
であるが、明治時代に幾多の人々の活躍があったからこそ今の小豆島の
観光があることに気付き、観光の基礎を作った人々の顕彰を小豆島の住
民自身が行ったということである。私達は身近な人々の活動について評
価が下しにくい。余りに身近で知っていることであるからだ。しかし大き
な歴史の流れの中でこの出来事は忘れずに記録されておかなければなら
ない。自分達の先人の素晴らしさに気付き顕彰することにおいて、今島
に住んでいる島民の意識の高さと素晴らしさに光を見た思いがしている。

2　志々島の人口減少の時代

　志々島の生活環境をみてみると、日本の他地域の島嶼に比べて決して
とびきり条件が悪いとはいえない。約20分で地方（本土）にわたること
ができるし、日に３往復の船便がある。交通の便は便利ではないが、交
通の条件が志々島より悪い島は日本に多数存在する。面積が小さいこと
と、島に自動車の通行できる道路がごく限られているため、人力での物
品の運搬を余儀なくされることが生活上の一番の弱点となっている。島
の面積は0.59平方キロメートルである。島の最高点は109メートルある
ことより、傾斜地の地形にすべてが展開している。平地の島よりは土地
に保水力があるといえる。水には困った時代が長かったが、現在は海底
送水により水には不自由がなくなっている。燃料のプロパンガスの導入
とともに生活のためのインフラは整備されても人口減少が続いてきた。

　なぜ志々島は人口が減少していくのであろうか、その現象の背後にあ
る地域構造のメカニズムを知りたいと思っていた。図２の人口変化のよ
うに、1960年代後半から連続して減少が続いている。志々島の人口減少
は他島に比べも早い時期にはじまった。急激な減少が1976年ころを境に
緩やかな減少へと転換する。1970年に粟島中学が分教場になり、1972年

に粟島小学校が詫間小学校粟島分校になり、1976年に粟島分校が閉校になった。学校の閉校、これがこの時期の人口変化に大きく影響した理由の一つだと考えている。学校がなくなり、当初は祖父母が付き添いで本土の学校のそばに一緒に下宿した時代もあったそうで

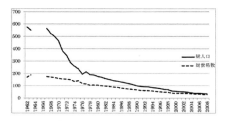

図2　志々島の人口と世帯数の変化
（出典離島統計年報、数字は住民基本台帳の数、なお1964〜67年はデータが得られていない）

ある。子供が島にいなくなり、その親世代も島を出て行った。島の主産業の変換点もこの時期に重なる。瀬戸内海の漁業の不振と農業の生産性の低さが、高度経済成長期の日本の都会へと若い世代の転居を誘った。

　そして島に残された老人世帯が徐々に高齢化し、死去による人口の自然減が島の人口を減少させていった。この現象が30年余続いている。このグラフでは住民基本台帳の人口が用いられている。この島に住民票がある人の数である。現在この島に住んでいる人数よりは多くなっている。高齢化が進み自力で生活できなくなったり、病気などの障害の理由で、援助を必要とする人はこの島で生活を持続することができずに特別養護老人ホームなどへ入所して現在島にいない。その人数が人口に加えられている。

　高齢化も限界に達していた。それは島の人口の自然減少という形で現れていた。図3のように人口の自然減少が続いている。この島で最後の赤ちゃんの誕生は1977年である。死亡による人口減少が続いていることを示している。死亡数よりも出生数が多かったのは1962年のみである。情緒的な言い方をすれば、島の老人はずっと先輩たちの死を見続けてきたことになる。

　図4に示す社会増減では、志々

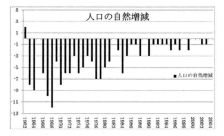

図3　志々島の人口の自然増減
（出典離島統計年報、なお1964〜67年はデータが得られていない。単位人）

島に転入者がないわけではなく、転入より転出が多いので、人口の社会減少となってきた。1970年代までの社会移動は都会への転出のための人口移動である。移動数も多い。1980年代以降の転出者は高齢になって島で一人では生活がままならぬようになり、家族に引き取られていったり、老人ホームの

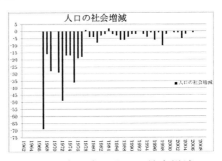

図 4　志々島の人口の社会増減
（出典離島統計年報、なお1964〜67年は
データが得られていない　単位人）

ような施設に移転する際に住民票を移すということによる転出が多いと聞かされた。

3　志々島の光明

　長い間人口と世帯数の減少が連続していた。何度もこの島に訪れているうちに住民のこぼす嘆きを、以下のように聞き取った。実際の発言とは幾分相違するが筆者の気持ちに届いた彼らしゃべりである。島に子供がいなくなり、子供の親の世代も島を離れていった。家には老人世帯が残されていった。時間の経過とともに住人の高齢化が進み、家の手入れが行き届かなくなり、そのうちに亡くなる人も現れた。集落の景観でいうと、徐々に空き家が目立ち始め。住民の高齢化と単独居住となっていった。何とかならないかという焦燥感で回りを見つめても時間の流れを食い止めることができずに、大いなる時の流れの中で住民は流されていくしかなかった。人の住まなくなった家屋が維持もままならず朽ちていくのを見つめていた。かつて人の住んでいた家が廃屋となり、放置されているうちに、腐って屋根が落ち、全てが地面に落下し瓦礫となり積みあがっても、住民はそこに住んでいた居住者の思い出だけを胸にしまいながら、なすすべがなくがれきの空間と共存し生きてきた。その先にはきっと自分の居住地もそうなるに違いないという想像を伴いながら。人が歩く道しかないので救急の際に間に合わないという理由で住み慣れ

た家を後にして、本村に移転した人もいた。

　高齢化、限界集落と名前がつけられるがその中に身を置いた老人は、過酷な時代の流れを感じながら生きてきた。起こっている現象は理解できるが、その中に身を置いている人の心理までは説明できない。限界集落という言葉の中で考えまいとしても、いくつか思うことは出てくる。それはこの地で暮らしてきた自分の人生への思いである。先祖代々この地で生きてきた自分達の暮らしが自分で終わるのかという嘆息である。自分自身も高齢化により身体の自由が利かず、思うように物を創造することができないという嘆きもある。誰かになんとかしてもらいたいと思っても、社会変化の流に小さな杭をさすことができても、またいずれ大きな流れに戻ってしまう。このような変化の少ない世界になってからも、島にはいくつかの思い出ができた。歌手の三波春夫が来て花畑の中で歌を歌ってくれたことや、映画「ふーてんの寅さん」のロケ隊が来て、島のいい景色を映画の中におさめてくれたこと。映画「機関車先生」にも登場し島の誰もが誇りとする大楠が映画に登場したことなどのできごとを生涯の大きな思い出とできている。

　そういう中で島に次世代の人々が突然、帰ってき始めた。

　2007（平成19）年にAさん夫妻、2008年ころにBさんとCさん、2008年に同じくDさん、2009年にEさん夫妻とお兄さんFさん、そしてGさんの9人である。Aさんの奥さんとEさんの奥さんを除いて全員男性である。およそ3年間に9人もの転入があった。これだけの人口減少の期間が長かったのに、突然、今まで島にいる人の人数よりは少ないもののその半数に匹敵するぐらいの人数で帰ってきた。帰ってきた人は、Aさんの奥さんを除いて全ての人が子供時代に島に住んだか、島にお爺さんお婆さんが住んでいたという親戚をもつ人々である。プライベートな情報を極力省きながら、それぞれの人を紹介するとBさんとCさんを除いて、定年退職を過ぎた年齢での帰島になっている。それぞれ都会等で生活していた住居を払って、ここを主たる居住地とする転居である。年齢ではBさんが40歳台、Cさんが30歳台を除けば。60歳代の人が大多数で

ある。彼らの子供世代の人は伴っていない。ＢさんとＣさんは伯父と甥の関係で、縁者の家を拠点に島での生活を始められた。最初島の不便な場所にある家に入られたが、島の中心地の本村に住居を移られた。Ｂさんも現在決まったお仕事はされていない。全員が島内で仕事をしない形で島の生活を始められた

　これだけの人が島に帰ってきて住み始めた。前から住んでいた人が筆者に向かい、島に活気が出たように感じると言われた。次世代が住むことの心強さを感じていらっしゃるという気持ちの表出であった。今までの居住者の期待に、帰島者も十分こたえている。道路の清掃、島のいたるところへの花壇の設置がなされている。台風等で、屋根瓦が壊れても老人では上がることのできなかった高所へのぼって修理をしてもらったとか、高齢者ではできなかった重い荷物を運ぶことをいとわずしてもらったことなどへの感謝が聞こえた。

　島での生活を始めた帰島者も今までの島の生活のしきたり、宗教等の行事を尊重する形で島に入り込んでいったことが島への溶け込みを容易にしていった。彼らも見えない所で島に溶け込む努力をされている。そして幼少時の島の居住経験がそれを可能にしている部分もある。若い世代が帰ることによって、以前の島の住民が営んでいたさまざまな行事をとり戻す動きもある。

　もう長いこと倉庫にしまわれて、お祭りに出されることのなかっただんじりが約50年ぶりに復活した。他地域の専門家の知恵をかりながら、補修もしつつ、昔の祭りで使われただんじりが組み立てられた。志々島の昔ながらの祭りを再現した。段々と島の昔の日常の生活が復活する思いがあったのではないだろうか。住民が老人だけになり、地区の行事が簡素に、より簡素になされていった。生活の中から、余裕の部分であった、楽しみや潤いが抜け落ちて行った。こういう今までの生活は、行事が復活してみると島にとって異常な事態であったことを思わせる。楽しみの復活は地域の活性化につながる。図５の写真の中で、だんじりの向こうに座って見つめている島の年よりの喜びが伝わってくる写真である。

　大楠を保護・継承する動きも帰島者を中心に動いている。島民とボランティアの人達によって年に2回、楠の回りの雑木や雑草が切り払われ、手入れされている。それに至る歩道が整備され、沿線には花壇が作られ、島で全山が花で埋まっていた時代の名残であるマーガレットが植えられている。大楠周辺が放置されていた時代から、管理保護されている状況へ移っていると思われる。各地の巨樹を訪ねた経験のあるE夫妻は人の踏み固めによる土地の劣化を恐れられている。また樹木医などの専門家の知恵や診断によってさらに大楠を守っていきたいと考えている。これだけの巨樹を見に来る人は少しずついる。整備が進めば来島者が少しずつ増えると思われる。これが島の交流人口となり、島にある商店等の売り上げに貢献するなど島の発展を期待されている。

図5　約50年ぶりに復活した志々島のだんじり（出典：広報みとよ　2012年1月第73号より転載）

図6　島の誇り　大楠

　交流人口があることが、フェリーを維持し、人々の生活に活力を与えるきっかけになる。また同じく帰島者のAさんを中心に大楠を見下ろすもう一方の高台に見晴らし小屋が建設されている。瀬戸内海と大楠が見下ろせる良い場所である。せっかくの見晴らし小屋が訪問者と島内の生活者に満足を与える施設として動き出すことを

図7　建設途中の見晴らし小屋

期待している。これら大楠を守る運動にオリーブ基金の援助を受けている。今まで住民にはなかった知恵である。

　さらに福武財団の援助を受けて、志々島に「ヤギと蜜蜂」を導入して島の農業を再生する試みがなされている。今ヤギを飼う場所を切り開いているところである。元は島の畑だった所が放棄されて雑木林に返っている場所である。さらに大楠のそばに見晴らし小屋も作っている。これらの動きは小さいけれども島の産業を考えるときに大事な一歩になることも予測される。

　志々島においてはまだ問題は解決されたわけではない。島を維持することのできる人が戻ってきただけで、島に根を張ってそこで暮らしていける生産や産業が確立したわけではない。2005年センサスで志々島の職業別就業者を見ると、就業者が2人で、販売小売業が1人、複合サービス業が1人となっている。島に基幹産業が成立したわけではない。島の人が農業と漁業を主たる産業として、多くの人の生活を養っていた時代は程遠い。

　海に囲まれているため温度が比較的高く、春先特に彼岸の墓参り用の花を生産し、全島が花で埋まっていた時代を懐かしむ声は高いが、他産地が切り花の産業を興して以来、温暖な気候を利用するだけの条件では切り花産業は他産地との競争に遅れて行った。高齢化により労働人口も減った。大楠を中心とした観光をおこし、島を訪れる人々に島の花を観光客に買ってもらう運動も考えられる。島に来てくれる人を持続的に獲得する方向は島の振興につながると考える。

　志々島の将来を考える時に、大楠を一つの大きな観光資源とする観光業と、それに付随する形で展開する地場産業の育成が今の段階で考えられる目標になると考え

図8　今も続けているマーガレットの栽培、切り花として出荷する（2012年1月）

る。帰島者を中心に展開されている大楠の整備は観光のすそ野を整備するという点で時機を得た方向であると考える。

4　小豆島の観光の歴史

　瀬戸内海の島嶼地域の観光地の中で、観光地として最もよく知られているのは、広島県の厳島と香川県の小豆島であろう。ここでは小豆島の観光の黎明期の問題を考える。瀬戸内海の島において、それぞれに島の有する観光資源があったから観光が主たる産業になったのだろうか。島嶼の観光資源はそれぞれ個々の島が有している資源は島独自のものである。しかし地域全体で考えると、その差は小さく類似しているともいえる。島の事物を観光資源として他地域の人を引き付けるように情報発信し、人々にイメージとしての思いを与えるように整備した人の動きがあったかなかったかが、現在の観光産業の差につながったと考えることがある。多分両方の動きが個々の島では違っているが両方の働きの結果として現在の観光地が出来上がっていると考える。そしてこの議論を続けると、もし前者の傾向が強いなら、観光地という場所はすぐれた観光資源を有する限られた場所に限定されるであろうし、もし後者なら、適切な人の動きを受けてどこの場所でも観光という産業を展開する可能性はあると考える。

　この章では香川県において、そして瀬戸内海において観光という産業で成功してきた小豆島の観光地として形成される前の生成期に観光地となるべく努力をつくした自分達の地域の先人の歴史を書き、出版した人々をとりあげる。

5　小豆島の過去の観光開発の偉業者をたたえる動き。

　瀬戸内海国立公園が日本の国立公園成立の際の最初の指定地であり、その瀬戸内海国立公園にあって、小豆島と屋島が主要な景観であった（稲田道彦　2007）。小豆島にあって、国立公園制定、しかも第一号の国立公園として指定されたことは、瀬戸内海の観光の歴史の上では、大き

な出来事である。国立公園に指定される以前に小豆島において、郷土愛に燃えた先人の活動を、国立公園制定60周年を記念して顕彰する活動が1996（平成6）年に行われた。いくつかの行事とともに、その時3冊の本が出版された。地元において歴史に埋もれてしまって、忘れ去られようとしている先人の献身的な偉業を、地元の方々が掘り起こし、出版されたこと意義が大きい。このことは明確な資料として将来に引き継がれる。この事の持っている意味が島の光明となると思えてこの章を設けた。

6　明治時代の小豆島の称揚

　3冊の本は、『瀬戸内海国立公園　寒霞渓』と『十人写生旅行』もう一点は『国立公園小豆島』である。『瀬戸内海国立公園　寒霞渓』では多くの先人の寒霞渓を保護するために尽力された様子が活写されている。寒霞渓そのものを買い上げる金を寄付し、しかも陰徳として自分は前に出なかった長西栄三郎（1834-1912）がまず取り上げられている。次に寒霞渓の美しい景色をこよなく愛しそれを「神懸山真景図」として、今も知られる寒霞渓十二景を描き紹介した島の医師で文人の中桐恂海（1849-1905）。彼は1898年に神懸山保勝会を設立した。寒霞渓が明治11（1878）年に漢学者藤沢南学によって命名された名前であるのに対し、神懸山は古くから地元で呼称されていたこの地の名前である。大正時代に寒霞渓の保全で活躍したのは森遷（1851-1925）であった。彼は行政の立場からあらゆる方向から寒霞渓を整備した。彼が中心となる神懸山保勝会が寒霞渓の保護、保全にあたった。そして次の時代に国立公園制定のために東奔西走し、尽力した郷土史家の高橋和三郎（1872-1960）が取り上げられている。それぞれの人が自分の生きた時代で寒霞渓を保護し、称揚する尽力をおよぶ限りの範囲でなしたことが分かる。限られた人の記憶にあっただけで、歴史の中に忘れ去ろうとしていた地元の人々の功績に大きな光があたえられている。この本を編集された小豆島新聞社の藤井豊氏も小豆島在住で自分が経験し、見聞きしたことだけに、他の人には見えないことが多く見えている。地元の情報に長らく接

し、記事にしてきた人なればこその視点である。さらにこの国立公園60周年の記念に先人の顕彰を考えた元内海町長川西寿一氏の発想も素晴らしい。これらの本の出版によって、郷土の誇りが事実として受け継がれる。小豆島において後世に引き継がれるべき知識を世の明るみに出したと言える。

　あとがきにこの本に漏れ落ちているものがあると言われ、補う気持で少しつけ加える。筆者の手元に中村不折の小豆島を描いた絵葉書が６枚ある。その一枚が図９である。寒霞渓を書いている。有名な画家が小豆島の絵を描く。その効果は景観を褒める効果が高かった。２冊目の出版物『十人写生旅行』はその間の事情がよくわかる本である。

　10人の画家による小豆島の写生旅行の結果を出版した画文集である。10人とは、中村不折、河合新蔵、大下藤次郎、鹿子木孟郎、満谷国四郎、高村眞夫、吉田博、中川八郎、小杉未醒、石井柏亭の10人で、小杉未醒が編集発行をしている。この中には油絵、水彩画、ペン画、鉛筆画などの小豆島の風景があふれている。彼ら画家を招へいして、面倒を見た小豆島の側の配慮もうかがえる。小豆島に素晴らしい風景があるということを当代の画家の手によって世に知らしめるという動きもあって、小豆島が国立公園の第一号に選ばれていくという実感が強く湧く。

図９　中村不折画による小豆島の絵葉書

　さらに先の『国立公園　寒霞渓』に図10の絵が載せられている。

　この絵には富岡鉄斎が、彼特有の南画風の巍巍とした岩山を実際に見つけた驚きと喜びが絵から伝わってくる。中国南画の特有の景観が日本の小豆島にあった。岩峰

図10　富岡鉄斎による小図豆島寒霞渓
（出典『国立公園寒霞渓　京都国立博物館蔵』）

の向こうに海が見える。中国にはなかった構図である。鉄斎が小豆島寒霞渓に見いだした景色、岩山の特異さとそれがこの日本に存在しているという驚きに寝た気持ちも伝わってくる。寒霞渓を世に広めるのに、絵の力を借りて景観の素晴らしさを伝えたいという、島の人の気持ちすら伝わってくる絵である。

　このように国立公園制定の前の時代に小豆島の有志による、私財を投げうつほどの献身があった。この時代にスポットライトを当てた本の出版に、島に住む人の見識の高さを感じる。今後100年後にも、称揚される光明であると筆者には思える。

　もう一点の出版物『国立公園小豆島』は1934年当時の小豆島各地の写真が集められている。歴史的な価値を有する写真集の復刻である。

　この時代の小豆島の紹介する印刷物を見ていて、よく目にする人物がある。明治から大正にかけて様々な絵図、地図を出版している。図の脇に小豆郡大鐸村肥土山の大森国松と書かれている。この大森国松氏は初代と2代と2名いて、手刷りの版木印刷から始めて各地の地図を多く作られたのは初代の大森国松氏（1878-1941）だそうである。図11の小豆島遍路の地図を始め、多くの地図を出版している。二代にわたる大森国松氏の印刷業により何種類もの小豆島を紹介する地図を出版している。少なくとも3種類以上の小豆島の遍路地図や、四国遍路のための地図、児島八十八ヶ所の巡礼地図などを出版している。小豆島の遍路の興隆へもひそかな貢献があったことがうかがわれる。また図12のような小豆島寒霞渓最新案内真図を数種類印刷出版している。このように小豆島が国立公園に指定される前の時代に多くの人々の献身があって、国立公園への指定があった。このことが現在の小豆島観光の基礎を作っていることが認識される。

図10　大森国松氏による小豆島
　　　八十八箇所霊場地図

7　まとめ

図11　小豆島寒霞渓最新案内真図

　瀬戸内海島嶼部ではなぜ人口減少、高齢化が進むのかと沖縄の離島に出かけるたびに思ってしまう。国内で出生率の高い町村を選ぶと沖縄の離島であることが多い。生活環境がそれほど違うとは思えないのに。島の置かれている地域の特徴がそれを解くカギなのかと思ってしまう。その中で志々島にUターン者が返ってきた、しかも現住民の半数に匹敵するくらいの人数が。彼らが及ぼす地域社会の変化はこれから起こってくるであろう。筆者にはそれが志々島の光明として見えて仕方がない。志々島は若い世代、とはいっても定年退職を迎えた人々であるが、彼らを中心に志々島の伝統が引き継がれつつある。島の祭りも復活した。大楠をケアする運動がおこっている。将来島に、見学客が増えそれがなにがしかの観光産業に結びついたらいいと筆者は考えている。一気にそれほどの大金が収入としていられるとは思えないが、島が存続していく一つのサスティナブルな営力として働くことを期待している。

　また小豆島では国立公園制定六十周年を記念していくつかの事業がなされた。そのままでは歴史の中に埋没してしまいそうな小豆島の過去の偉人の動きを示す働きが白日のもとに示されたことは知的好奇心を大いに満足させた。自分達の先人の偉業を島の人自身が書きとめて出版すること、これもおおいなる光明に思えた。この出版はきっと小豆島の地域住民の誇りを高めるであろうし、将来の小豆島島民に大きな影響を与えると思える。関係した人々に大いなる敬意を表したい。

参考文献

稲田道彦（2007）「所帯28戸の島、志々島はどのようにして今に至ったのか」香川大学瀬戸内海島嶼研究会編『備讃瀬戸地域の島嶼における生活の近代化と文化変容』109-120p

稲田道彦（2007）「香川県の瀬戸内海国立公園」香川大学経済学部ツーリズム研究会編『新しい観光の諸相』美巧社、153-167p

稲田道彦（2010）『瀬戸内海の両墓制を訪ねる旅　20年前の島の墓地の写真を手がかりに』香川大学瀬戸内圏研究センター　1-16p

上田勝見、阿部日吉（1974）『瀬戸内海志々島の話』讃文社、362p

上田常市編集券発行（1934）『国立公園小豆島』　山陽製版印刷所、国立公園小豆島復刻事業委員会（1994）「国立公園小豆島　発刊六十周年記念」マルシマ印刷株式会社、

小杉未醒（1911）『十人写生旅行　瀬戸内海小豆島』興文社、68p、復刻版川西寿一発行（1994）『瀬戸内海国立公園（寒懸山・寒霞渓）指定六十周年記念』マルシマ印刷株式会社、

斎藤　潤（2011）「瀬戸内海の今を歩く　第39集　香川県粟島・志々島」『季刊しま』No225、130-169p

藤井　豊（1995）『瀬戸内海国立公園　寒霞渓』マルシマ印刷株式会社52P

第４章　瀬戸内海道遺跡めぐり

丹羽　佑一

① 　サヌカイト塩飽山地の道（旧石器時代編）：瀬戸大橋サヌカイト・ウォーキング

② 　サヌカイト周遊海路（縄文時代編）：シーカヤック島めぐり

③ 　鐸・剣・矛東西航路（弥生時代編）：クルージング島めぐり

④ 　石棺瀬戸内航路（古墳時代編）：大型フェリー東瀬戸内線

⑤ 　古代山城東アジアの道（古代編）：サイクリング南海道

⑥ 　塩飽水軍巡回航路（中世編）：上乗り海上タクシー島めぐり

　本文は香川県下を中心にした中部瀬戸内島嶼、沿岸部の遺跡の観光資源化を検討した結果を報告するものである。

　「遺跡」は、過去の人々の活動結果であるから、歴史の実在を示すものである。私たちは「遺跡」によって歴史を確認し、歴史によって、いまいることの根拠とする。もっとも遺跡は歴史そのものではない。歴史は現在に至る私たちのストーリであるから、同時代の遺跡群の「関連」、異なる時代の遺跡群の「関連」として私たちに対し語られるのである。

　観光の異なる文化の体験という側面から、遺跡と観光の関係をとらえると、遺跡群を訪れ、その「語り」に耳を傾けることが観光ということになる。ストーリーをもつ「遺跡めぐり」である。単に一つの遺跡をみる、それだけでは観光にならないのである。

　瀬戸内の島嶼、沿岸の遺跡群を関連づけるものは、当然ながら海運であり、これが瀬戸内の歴史の特質となっている。したがって遺跡めぐりの移動の大半は海路にしたがうことになる

①　サヌカイト塩飽山地の道（瀬戸内海道旧石器時代編）
—瀬戸大橋サヌカイト・ウォーキング

　香川県ではサヌカイトの原産地が坂出市と高松市の境界に集中する。五色台と金山である

　サヌカイトは2万年前から2000年前の1万8000年間の長きにわたって石器石材として用いられた。2万年前からおおよそ1万年前の旧石器時代では特に五色台のサヌカイトが用いられ、盛んな旧石器人の生活と石器製作を示す大規模な遺跡が、国分寺町・国分台に残されている。そこでは、サヌカイト用に開発された世界で唯一の石器製作技法—瀬戸内技法で作られたナイフ形石器（国府型ナイフ形石器）が注目されるが、さらに遺跡の大規模性に目を奪われる。当時は移動生活であったから、たくさんの旧石器人が国分台にやってきて、石器を作り、生活したのである。石器石材が手にはいる絶好の移動先であった。しかし、どこから来たのであろうか。これに応えるのが瀬戸大橋の架かる塩飽の島の旧石器遺跡群である。本四架橋の建設工事に伴う発掘調査で50万点に及ぶ石器が出土したのである。与島の西方・東方遺跡、羽佐島遺跡が著名である。ここにもたくさんの旧石器人が来ていたのである。当時瀬戸内海は幅10kmほどの大地溝で、四国側、山陽側から流れ込む河川を受けて大河が東西に貫流し、本四架橋の島々はそれを横断する分水嶺であった。五色台のサヌカイトを求めた山陽側の旧石器人の通交の地として架橋

写真1　　与島から沙弥島を見る

写真2　　金山で地表の石器の分布を調べる

の島々の旧石器遺跡群が位置付け
られるのである。国分台遺跡に
は、四国側、山陽側の旧石器人が
集まっていたのである。なお、同
じくサヌカイトを産する金山での
石器生産は盛んではない。生活地
としての条件が五色台より劣って
いたものと思われる。

写真3　沙弥島ナカンダ浜遺跡を
　　　　見る

　このサヌカイトを求めた旧石器
人の往来する道は、2万年後瀬戸大橋として復活した。この遺跡めぐり
は、その歴史から瀬戸大橋を徒歩で歩くのが相応しい。ただ終着点は国
分台になるが、瀬戸大橋から遠く離れていることと、高所であることか
ら、金山かひとつ手前の沙弥島が適当であろう。1日を要する。途中の
与島に休憩所・ガイダンス施設が欲しい。

②　サヌカイト周遊海路（瀬戸内海道縄文時代編）
―シーカヤック島めぐり

　縄文時代に入ると、瀬戸内大地溝に海水が流入し、6000年前頃、現在
の瀬戸内海が出来上がる。人々の生活も大きく変わった。定住を始めた
のである。安定した生活は特に老人、子供に良好な生活を保障したが、
石器生産という面では困難な事態が持ち上がった。特に山陽側縄文人は
日常生活を中断し、瀬戸内海を丸木舟で渡って、香川のサヌカイト原産
地まで旅をしなくてはならなかった。しかし、この時代最も広範囲で金
山のサヌカイトが用いられるようになったのである。反対に五色台のサ
ヌカイト利用は衰えた。おそらく、金山の麓近くまで海が迫っており、
舟の利用に適した立地であったことがその差異をもたらしたものと思わ
れる。また、山陰の隠岐の黒曜石、広島県西部・冠山のサヌカイトなど
と比べた時、金山サヌカイトの広範囲の利用にはその埋蔵量の多寡が関
係していることも考えなくてはならないが、それ以上に、金山には流通

の専業集団が想定できることである。架橋の島々の入り江に残された遺跡は小規模で、通年の生活は考えにくく、一年数日の利用である。島の縄文人は瀬戸内海の島々、津々浦々を巡っていたものと思われる。定住でなかった理由、それは金山のサヌカイトを瀬戸内沿岸各地に運び込む生活に求められるのである。特異な生態は、彼らを漁民でなく「海民」と呼ぶに相応しい。なお、川をさかのぼり、中国山地奥深くまで移動するものもいたかもしれない。

　この遺跡めぐりは海路をとる。瀬戸大橋の島々をカヤックで巡るのがその歴史に相応しい。ここでも与島にガイダンス施設を求めたい。

③　鐸・剣・矛東西海路（瀬戸内海道弥生時代編）
　　　　　　　　　　　　　　　　—クルージング島めぐり

　弥生時代中期（2200年前頃）に入ると、瀬戸内海の島嶼、沿岸の高所、瀬戸内海の眺望に極めて優れた地点に集落が営まれるようになる。香川県下では三豊市詫間町・紫雲出山遺跡、丸亀市広島・心経山遺跡、土庄町豊島・壇山遺跡等が知られる。水稲農耕を生産の基本とした弥生時代の集落が、それに不適当な立地を選んだことには特別の理由があったものと考えられている。1950年代後半の京都大学考古学研究室の紫雲出山遺跡の発掘調査は、立地に加えて、発達したサヌカイト製の武器の出土から瀬戸内海の沿岸・島嶼の軍事情勢を把握するための情報基地

写真4　荘内半島先端から紫雲出山を見る

写真5　紫雲出山遺跡から瀬戸大橋
　　　の方向を眺める（手前が粟島）

としての役割を導き出した。魏志倭人伝が記録する「倭国大乱」を想定するのである。しかし、最近の弥生時代の年代観によると「倭国大乱」は弥生時代後期に位置づけられる。高地性集落と倭国大乱は年代が合わないのである。紫雲出山遺跡の貝塚では大型の鯛やサザエが出土する。紫雲出山人は山上の海の民である。立地の特徴と合わせて、瀬戸内海海上交易のパイロットとしての役割も考えられるのである。当時、香川県域の平野部の諸勢力には北部九州地方から銅剣、銅矛、巴型銅器、中国の前漢鏡が、近畿地方から銅鐸が海上輸送によってもたらされている。諸勢力は高地性集落との連携によってこれらの品々を入手することができたのであろう。

写真6　復元された竪穴式住居
（紫雲出山遺跡）

写真7　復元竪穴式住居の中
（紫雲出山遺跡）

　この遺跡めぐりは中部瀬戸内海の広範囲を移動するから、クルージングによるのが相応しい。荘内半島の紫雲出山遺跡－丸亀沖の広島・心経山遺跡－土庄町豊島・壇山遺跡をめぐる船旅である。ガイダンス施設は紫雲出山頂にある。

④　石棺瀬戸内航路（瀬戸内海道古墳時代編）
―大型フェリー東瀬戸内線

　古墳時代前期の中頃（1650年前頃）、讃岐の王の一人が高松市・国分寺町の鷲ノ山石を用いた棺を考え出した。石を刳り抜いて身と蓋にした棺で、最古のものは丸亀市綾歌町・快天山古墳の後円部に頭を出してい

る。竹を半裁したような形をしているので割竹形石棺と呼ばれ、古墳時代の初めに作り出された割竹形木棺に近い形であることが、最古の根拠となっている。程なく、さぬき市津田町の赤山古墳にも地元の火山石製の棺が用いられ、製法は熊本県北部にも伝わる。石棺は地元だけでなく、鷲ノ山石製は大阪府柏原市（安福寺境内）に運ばれ、火山石製は徳島県鳴門市（大代古墳）、岡山県備前市（鶴山丸山古墳）、大阪府岸和田市（貝吹山古墳）に運ばれた。また阿蘇石製の石棺も愛媛県松山市（蓮花寺）、香川県観音寺市（丸山古墳）、岡山県備前市（小山古墳）、兵庫県たつの市御津町（竜野高校）、京都府八幡市（八幡茶臼山古墳）、そして不思議なことに、鷲ノ山石製が分布する高松平野沖の屋島（長崎鼻古墳）にも運ばれた。石棺は重いものであるから、運送には水上交通が用いられたと思われる。石棺が運ばれたルートから瀬戸内海航路は四国沿岸を通る瀬戸内海南岸航路と燧灘で分岐する北岸航路の2つの航路が知られるのである。そして南岸航路は河内潟

写真8　石清尾山石船塚古墳の石棺

写真9　快天山古墳の石棺

を南行、旧大和川を遡り、生駒山地を抜け、奈良盆地南辺に至る。一方北岸航路は河内潟から淀川・木津川を遡り、奈良盆地北辺に至る。いずれもターミナルは畿内政権の中枢に位置する。このことによって二つの瀬戸内海航路は畿内政権が運用していたことが知られるのである。朝鮮半島の鉄の獲得、西日本諸国の王権を畿内政権の傘下に治めるという二つの政治課題を解決するためには不可欠の航路であった。特に吉備の王を牽制するためにも南北両岸の二つの航路を必要としたのである。讃岐の王と柏原の王は、いずれも瀬戸内海南岸航路の地理的要衝に位置することを通じて、特別の結びつきを持つに至ったのであろう。二人の王は畿内政権の航路経営に参画したことも推察されるのである。瀬戸内航路は地方王権が畿内中央政権の傘下に治められてゆく軌道でもあった。この遺跡めぐりは大型のフェリーが相応しい。高松－神戸。船室では古代

写真10　三谷石舟塚古墳の石棺

写真11　柏原市安福寺境内の石棺

写真12　柏原市安福寺境内の
　　　　石棺の線刻文様

写真13　柏原市松岡山古墳の石棺
　　　　（1側板は鷲ノ山石製）

史講座が開かれる。大阪・奈良へは鉄道を用いる。ガイダンス施設は香川県立ミュージアムと柏原市歴史資料館に求めることができる。

⑤　古代山城東アジアの道（瀬戸内海道古代編）
──サイクリング南海道

　663年、錦江近郊の白村江の海戦で倭國と百済遺民連合軍は、唐と新羅連合軍に大敗を喫し、倭国は直ちに朝鮮海峡、北部九州、瀬戸内海に国土防衛のための城を建設した。今日、古代山城と呼ぶものである。もっとも研究史上、久しく神籠石系山城と朝鮮式山城の区分があった。日本書紀に記録されている城に後者の名称が与えられ、それ以外の研究初期に石垣や土塁を神域守護施設とされたものに前者の名称が与えられたのである。しかし発掘調査が進むにつれて、2者は同時期に属することが明らかになり、同じ歴史的性格をもつ構造物ということになっている。しかし、なぜ同じものが、日本書紀編纂において異なる扱いを受けたのか、これについてはなお明らかではない。香川県下にはこの2種の山城がある。朝鮮式山城として屋島城、神籠石系山城として坂出市・城山城がある。ともに国史跡に指定されている。屋島城は浦生集落の奥谷を堰き止める石塁として知られていたが、南嶺頂上における1998年（平成10年）の平岡岩夫さんの石垣の発見、高松市教育委員会の城門の調査でその全容が明らかになりつつある。平成26年度公開予定で城

写真14　屋島城の石垣

写真15　屋島城・浦生の石塁

門の復元工事が進む。城山城は推定讃岐国府に近接してある。完存する城門1基、ホロソ石・マナイタ石等城門部材数基分、水門1基、山腹を上下二重に巡る石塁、土塁、山頂の大型礎石建物1基が知られる。香川県におけるこの2城の在り方は、屋島城に純軍事的機能、城山城に戦時

写真16　坂出市・城山城の門

写真17　城山山頂の大型礎石建物

写真18　城山と推定讃岐国府跡

写真19　讃岐国分寺の僧坊跡覆屋

写真20　愛媛県西条市／今治市・栄納
　　　　山城から瀬戸内海を見る

写真21　岡山県総社市・鬼ノ城
　　　　の復元城壁

における国衙機能を想定できることから、古代山城に機能の分担があったことを伝えるものであろう。2城の遺跡めぐりは、鉄道、車、そして当時の官の交通は馬と考えられるから、自転車が最も相応しいと思われる。県立ミュージアムにガイダンス施設を求めることができる。なお、この古代山城の旅程はその歴史的背景から、瀬戸内海の山城めぐり（岡山県総社市・鬼ノ城、愛媛県西条市・今治市・永納山城等）、朝鮮海峡を越えて朝鮮半島の城めぐりをもって完結する。将来の事とはなるが、世界遺産―東アジア古代山城の旅である。

⑥　塩飽水軍巡回航路（瀬戸内海道中世編）
―上乗り海上タクシー島めぐり

　「上乗り」とは、水先案内をするために乗り込むことである。塩飽一帯の豪族は支配海域に入る通過船に乗り込み上乗り料を徴収した。また通行料として関役を徴収した。1420年「宋希璟（日本回礼使）の護送、香西資載備前で乗船」はその一例である。料金の公的な徴収の根拠は、大名の水軍として働く武士団としての性格からきている。そのような豪族が、笠居を拠所とする香西氏を頭目に緩やかなまとまりを形成し、大内氏、毛利氏の水軍として働いた。1520年「大内善興の朝鮮出兵に、塩飽（本島）の宮本佐渡守・子助左衛門・吉田彦左衛門・渡辺氏が船三艘で参陣した」と記録されている。これが塩飽水軍であり、かれらの居城が塩飽の島々に残されている。与島の城山城跡、櫃石島の櫃石城跡、直島の高原城跡（城主高原氏）、本島の笠島城跡（城主高階氏？）である。これらの城は共通した特徴を持っている。いずれも港湾を馬蹄形に囲む山丘の片袖部に立地し、山丘下の屋敷地が城郭を縁取っているのである。城は港湾の管理・防衛、出撃のための周辺海域の見張り台の機能を専らとするものである。また屋敷地を基盤に発展した街区の代表が丸亀市塩飽本島町笠島伝統的建造物群保存地区であり、類する街の歴史が直島にも求められる。このように塩飽の島々の町は漁村ではなく、いわば城下町―町やとして発展したもので、塩飽らしいたたずまいを今に残し

ている。特に本島には1207年、法然上人が四国に流された折寄宿した荘園領主高階氏の館跡（笠島城跡あるいは専修寺）があり、江戸時代のものとして年寄による人名自治の役所として寛政9年（1797）に設けられた「塩飽勤番所」（国史跡）がある。また東光寺には重要文化財・平安時代木造薬師如来像がある。

　塩飽水軍は中小の早船を操った。彼らの古城が残る島めぐりは快速の海上タクシーが相応しいと考える。ガイダンス施設は塩飽勤番所に求めることができる。

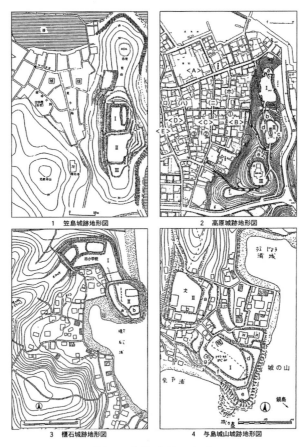

1　笠島城跡地形図　　　　　　2　高原城跡地形図

3　櫃石城跡地形図　　　　　　4　与島城山城跡地形図

図1　塩飽水軍の山城

第5章　古式小豆島遍路の風景

大賀　睦夫

はじめに

　本稿の目的は、小豆島遍路の当初の姿、すなわち神仏分離以前の小豆島遍路を再現し、今日の遍路と比較し、遍路の意義を問い直すことである。

　小豆島八十八ヶ所霊場の創設は、貞享三年（1686）といわれる。それ以来、長い歴史があるが、その間にとくに大きな転換点があった。それは明治維新の神仏分離である。神仏分離令によって、小豆島八十八ヶ所霊場から神社と別当寺が強制的に排除された結果、小豆島遍路は、それ以前と比べてかなり趣の異なるものになったのではないかと思われる。

　もともと小豆島遍路を含む四国遍路は、神仏習合の時代に成立したものである。神社には祭神とともに本地仏が祀られていた。遍路では寺院とともに神社も訪ね、神仏を礼拝した。その際、「拝し奉るこの処の御本尊、大師、大神宮、鎮守、総じて日本大小の神祇、……」と祈念文を唱えていた。[1] このような礼拝の作法は、現在の小豆島遍路でもそのまま生きており、この文言が今も唱えられている。にもかかわらず、現在の遍路では、たとえば旧札所の八幡宮の鳥居の前を素通りし、その近くの堂庵でおつとめをするというのが実情である。「日本大小の神祇」と唱えながら、神社には行かない。なにか、ちぐはぐな印象なのである。神仏分離で神道的要素を排除することによって、遍路からなにか大切なものが失われたのではないかと思う。神仏分離以前の小豆島遍路はどのようなものだったのであろうか。

　さいわい、江戸時代の霊場を紹介した『小豆嶋名所圖會』[2] が残って

---

[1] 真念『四国遍路道指南』（貞享四年、1687）に、「紙札うち様の事、其札取、本尊・大師・太神宮・鎮守、惣じて日本大小神祇、天子・将軍・国主・主君・父母・師長・六親・眷族乃至法界平等利益と打べし。」（伊予史談会（1981）72ページ）と書かれているので、これは非常に古い口上であるようだ。現在の小豆島遍路でも唱えられているので、小豆島でも江戸時代からあったものだろう。

いるので、これを片手に江戸時代の小豆島八十八ヶ所霊場を実際に歩い
て訪ねることによって、当時の小豆島遍路を追体験しようと考えた。以
下はその記録である。

1. 小豆島遍路の歴史的変遷

（1）小豆島遍路の成立

　本論に入る前に、まず予備知識として、小豆島遍路の起源と歴史的変
容について簡単に述べておきたい。

　小豆島八十八ヶ所霊場がいつ成立したかについては諸説ある。『小豆
郡誌』によると、貞享三年（1686年）とされている。「貞享三年に至りて、
本郡に於ける真言宗の緇素相諮り、四国八十八ヶ所の霊場に擬へ、小豆
島八十八ヶ所の霊場を創設す、其の際寺院のみにては其の数に充たざり
しを以て、各所に浄域を撰び、新たに堂庵を建立し以て、現在の霊場を
定めたりしといふ」。[3]

　郷土史家の川野正雄氏はこれに疑問を呈している。「四国八十八箇
所のミニアチュアである島四国八十八箇所が開かれたのは、貞享三年
（1686）といわれているけれども、八十八箇所のうちの本寺である西村
の阿弥陀寺、室生の愛染寺、池田の光明寺、中山の浄土寺、大部の観音
寺など、もともと古い寺であろうが、その復興は貞享以後の元禄あるい
は元文年間という伝承があるところから考えると、案外もっと時代は下
るのではあるまいかと思う。」と述べている。[4] 彼は、小豆島に現存す
る往来手形から、小豆島遍路の始まりを宝暦年間（1751〜1764）と推測
している。

　ただ、それも小豆島遍路の往来手形かどうか不明である。「島四国」と
いう語を確認できる確実な史料は、天保年間の旧大釈村文書だという。[5]

---

[2] 暁鐘成が『淡路国名所圖會』（1851）に続いて著したものであるが、結局、上
梓されなかった。香川叢書第三に収録されている。
[3] 香川県小豆郡役所（1921、1973）223ページ。
[4] 川野正雄（1970）26ページ。

　しかしながら、史料がないという理由で貞享三年説を疑問視するのは
いかがなものか。小豆島では、四国より小豆島の方が遍路の成立は早
かったという伝承がある。四国の遍路は「本四国」というが、小豆島の
方が早かったので、小豆島の遍路は「元四国」である、というほどに小
豆島遍路は独自色が強いし、本四国への対抗心もある。澄禅の『四国遍
路日記』が承応二年（1653）、真念が『四国遍路道指南』を書いたのが、
貞享四年（1687）であり、その頃すでに四国遍路が成立していたとする
と、同じ四国の小豆島で、それから100年近く経ってようやく遍路が成立
したと考えるべきだろうか。案外、貞享三年説が事実なのかもしれない。
　正確にはわからないが、遅くとも天保年間に島四国の記録があること
は確かである。また、写し霊場というが、単なる本四国のコピーではな
いことも確かである。何もないところにつくられた写し霊場は、88の霊
場の名称までも写している。しかし、小豆島の「島四国」と「本四国」
に共通するのは、88の霊場を巡拝するという骨格部分であって、それ以
外の肉付けは独自に行っている。[6]小豆島には修験道は中世からあった
し、お遍路の前身である辺路修行も古くから行われていたであろう。お
遍路に近い行為は古くからあったはずである。それが基礎になって小豆
島に八十八ヶ所霊場が成立したのが、貞享三年、あるいはその他の成立
年である。それ以来、長い年月が流れている。当然、小豆島遍路の風景
は大きく変わった。しかし、自然的要素、たとえば海、山、山岳霊場の
行場、山からの眺望などあまり変わらないものもあるだろう。以下、変
化したもの変化しないものを整理してみたい。

（2）小豆島遍路の変遷

　『小豆嶋名所圖會』の記述と現状とを照らし合わせてみよう。札所の
番号や巡拝のルートは基本的に大きな変化がない。小豆島の地図は、よ
く牛の形にたとえられる。小豆島を牛の形に見ると、後ろ足の部分に

---

[5] 小田匡保（1996）171ページ。
[6] 大川栄至（2009）は、小豆島遍路について書かれたもっとも詳しい論文であ
るが、そこではとくに小豆島遍路の独自性が強調されている。

第1番札所洞雲山があって、ここから左回りに札所の番号が付けられている。後ろ足から、腹部、前足、首、頭、背中を通って、お尻の部分の第88番札所楠霊庵で結願となる。この札所の番号やルートは今も昔も基本的に変わらない。もちろん、道が拡幅舗装され、新しい道ができ、ダムで古い遍路道が水没して消滅するなど、細部はかなり変わっている。

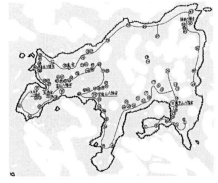

図1　現在の小豆島遍路札所と旧札所神社の位置、および古式小豆島遍路の巡拝ルート

　小豆島遍路は第一番札所から回るものだったかどうか判然としない。しかし、新たにつくったものであれば、第一番から回るのが基本だったと考えるのが自然ではないだろうか。洞雲山が第一番札所になったということは、小豆島霊場が成立した当初、島外からは主として坂手港にお遍路さんがやってくると想定されていたのであろう。『小豆嶋名所圖會』の坂手浦小嶋湊の紹介文には「西國・北國の廻船ここに泊まり、順風を待湊なるゆへ、海船常に出入して繁昌の地なり。……所謂當浦は、此嶋に於いて土庄・下村・坂手の三津の一にして、頗る豊饒の海濱なり。」とある。[7]

　しかしながら近代化の過程で、次第に土庄が小豆島の交通の中心地になっていった。神仏分離で打撃を受けた小豆島遍路を立て直すためにつくられた小豆島霊場総本院も、[8]大正2年に、土庄にできた関係で、今日では、ここで受戒し、近くの第64番札所松風庵から、すなわち小豆島の頭の部分から歩き始め、小豆島の背中、後ろ足と順に打って、首の部分の第56番札所行者堂で結願するというパターンが定着している。札所の番号と巡拝ルートは基本的に変化していないが、打ち始めと結願の札

7) 暁鐘成、430ページ。なお、下村浦は、現在の草壁港である。
8) 明治中期には小豆島霊場は存亡の危機にあった。『月刊ぴーぷる』31ページ。

所が変わったということである。

　札所の番号と巡拝ルートは基本的に変わっていないが、前述のとおり、神社系の霊場が廃止になったことは大きな変化であった。これら廃止になった霊場の数は13である。[9] 88の内の13なので、決して少ない数ではない。ただ、これらに代わる札所は近くの寺院や堂庵に新設された。このため巡拝の順番が若干前後したり、札所が一ヶ所に三つある宝生院のような霊場もできたが、全体としての巡拝ルートは大きく変わらなかったのである。

　小豆島の風景で大きく変わったのは、塩田の消滅である。『小豆嶋名所圖會』の絵を見ると、江戸時代には塩業が盛んで、小豆島の各地に塩田があったことが分かる。塩田は、近代以降も高度成長期の頃まで見られたが、現在は、宅地や商業地などに変貌している。また、塩づくりのための燃料として、かつては大量の木が伐採された。『小豆嶋名所圖會』を見ても、山の木が現在より少なかったようである。また自給自足の暮らしであったために、山のかなり上まで切り開かれて段々畑がつくられていた。

　小豆島遍路のスタイルを大きく変化させたのは、近代化の過程における動力源の変化であり、モータリゼーションであった。かつては、お遍路は誰もが自分の足で歩いた。馬に乗った人もあったかもしれないが、乗り物を利用する場合は、舟が身近な存在であった。今日の小豆島遍路では舟は一切利用されていないが、悪路で車もなかった昔は舟が利用されていた。大正時代に遍路をした荻原井泉水は、田ノ浦半島と三都半島の札所に行く際に舟に乗ったと記している。[10] かつては、これらの二つの半島への道がよくなかったために舟便があったようである。また、小豆島北東部の吉田や福田への陸路は険しい山道だったので、よく舟が利用された。

---

[9] 小田1996、172ページは、14の札所としているが、筆者が数えたところでは13の札所が廃止になった。
[10] 荻原井泉水（1934）、88、101ページ。

　時代はずっと下って、高度成長の頃は、大型バスを連ねて大勢のお遍路さんがやってきた。概して古くからの島の道は狭いが、大型バスが入れるところまで行って、後は歩いて巡拝し、バスに戻って来るというスタイルだった。高度成長で日本が豊かになっていた頃は、小豆島遍路も非常に賑わっていた。昔を知るお遍路さんに聞くと、当時は、礼拝でも納経でも他の団体と競争だったという。お遍路さんが減少を続けている近年は、マイクロバスの利用が主流である。道路はいっそう整備され、山岳霊場を含め、どこの札所にもマイクロバスで行くことができるようになっている。

　車で遍路をするようになると、お遍路さんと島の人々との交流も少なくなる。かつては、島の子どもたちはお遍路さんから豆をもらうのが習慣だった。子どもたちは「お遍路さん、お豆ちょうだい」とお遍路さんを見つけては豆をもらうのが楽しみだったという。しかし、車遍路では路上の出会いが少ない。また、時代の変化で、だんだん物をもらうのがよい習慣とは考えられなくなった。お遍路さんと子どもたちとのうるわしい交流も、現在では、ほとんどなくなってしまったようだ。誰もが歩いていた時代には、いたるところに茶店があり、村々には遍路宿があり、島の人々と旅人との交流があった。車時代の現在、茶店は消滅し、遍路宿は減少の一途をたどっている。現在では、歩き遍路は、霊場会などが主催する歩き遍路のイベントか個人で来るお遍路さんなど、ごく一部になってしまった。これもまたお遍路風景の変化の一部である。

　伝統的に小豆島遍路は団体による遍路が多かった。とりわけ山陰・関西方面からの団体が多かった。札所の寺院の玉垣などに寄進者の名前が彫られているが、個人名とともに団体名がよく見られる。○○伝道団、○○巡拝団、○○大師講などである。日本人のライフ・スタイルの変化を反映して、近年、これらの団体が急速に消滅している。残っている巡拝団も極端な高齢化が進んでいる。ある札所のご住職の話では、最盛期と比較するとこのような団体が100以上消滅したのではないかという。小豆島遍路の関係者は、誰もが「危機です」と口をそろえる。小豆島遍

　路も新たな転換期を迎えていることはまちがいないようである。

　札所の風景の変化について、『小豆嶋名所圖會』の絵と現在を比較したときの違いは、日本が豊かになって建物が立派になったということである。民家も立派になったし、ビルが建つようになった。寺院や堂庵の建物も立派になった。かつての堂庵は「四つ堂」と呼ばれた壁のないあずま屋だったが、今日ではそのような歴史的建築物をほとんど見出すことができない。また、今日の山岳霊場では、洞窟の入り口を覆うように大きな建物が建てられているが、江戸時代は、より小規模の投入堂のようなものが洞内につくられていただけだった。

　ここで昭和初期の小豆島遍路の写真をいくつか掲げておきたい。古い時代の小豆島遍路を偲ぶよすがとしたい。

図2　麦畑の中を歩く

図3　田ノ浦の港

図4　茶店で休憩

図5　第60番札所江洞窟

（図2〜5：昭和9年、森瑛二氏撮影、土庄町立中央図書館提供）

2. 小豆島遍路の構成要素

　本稿の目的は、小豆島遍路の変遷について、とくに神仏分離の影響に
焦点を合わせて考えてみることである。小豆島遍路から神道的要素がな
くなってどう変わったかの検討である。そこで次に、小豆島遍路の諸々
の構成要素について考え、その中で神道的要素がどのような意味をもっ
たかについて考えてみたい。

（1）小豆島遍路の四要素

　今日、多くの人々がもつお遍路のイメージと、実際の四国遍路（小豆
島遍路を含む）との間には、かなりのギャップがあるようだ。霊場会
は、四国八十八ヶ所霊場は、空海・弘法大師によって開創されたと説
明しているので、大師信仰のみが強調される傾向がある。しかし今日、
四国遍路の研究者は、四国遍路の構成要素をもっと多様に捉えている。
五来重氏は次のように述べる。「四国遍路は四国の辺路から始まってい
る、というのは今日常識でしょう。そうすると辺路は弘法大師以前から
のものですから、四国遍路は弘法大師が始められたというのは疑問で
す」。[11] 辺路（へじ）とは海と陸との境を歩く修行のことである。五来
氏は、それが四国遍路の始まりだというのである。

　また、四国遍路は寺を巡拝するので、仏教の修行だと一般には思われ
ている。しかし前述のとおり、明治維新より前のわが国の伝統的宗教は
神仏習合だったので、四国八十八ヶ所の霊場には神社も含まれていた。
仏教だけでなく、神道も四国遍路の構成要素のひとつだったのである。
さらにまた、霊場を歩いて巡るという修行自体が、必ずしも仏教や神道
固有の修行というわけではないという事実がある。仏教とも神道とも異
なる伝統があったわけである。四国遍路の構成要素は意外に多様である
といえよう。

---

[11] 五来重（2009）、16ページ。

　頼富本広氏は『四国遍路とはなにか』の中で、四国遍路につながる諸
要素を列挙している。大師信仰、西国巡礼、修験道、補陀落信仰、山林
修行、衛門三郎伝説などである。[12] 本稿は詳細な歴史研究を意図したも
のではないので、もっと簡略化して、四国遍路の構成要素には、太古的
霊性、仏教、神道、修験道の四つがあったと捉えておきたい。

　第一に、四国遍路には、仏教や神道以前のアニミズム的要素があると
いうことがしばしば指摘される。ここでは、これを太古的霊性と呼ぶこ
とにしたい。第二に、四国遍路に仏教的要素があることはあまりにも自
明である。霊場としてのお寺、礼拝対象の仏像、般若心経、等々。そし
て第三に、前述のとおり、神社も霊場であったので、神道的要素もあ
る。第四に、仏教、神道と関連しながらも独自の要素として修験道があ
げられる。頼富氏は熊野信仰の重要性をとりわけ強調している。本稿で
考察の対象にするのは小豆島八十八ヶ所であるが、小豆島八十八ヶ所で
とくにお遍路さんを引きつけているのは修験道の行場である。

　ところが明治維新の神仏分離によって、小豆島遍路の構成要素も大き
く変化せざるをえなかった。神社や別当寺にあった霊場は廃止され、本
尊は別の場所に移された。前述のとおり、小豆島遍路の場合、神社と別
当寺合わせて13の札所が廃止された。今日、小豆島遍路における神道的
要素としては、鳥居をくぐって本尊の仏像をお参りする札所があった
り、寺院の境内に小さな神社があったりなど、わずかに神仏習合のなご
りが残っている程度である。このように、遍路における神道的要素はほ
とんどなくなった。札所の数が足りず、堂庵も札所に含めて八十八を揃
えた小豆島八十八ヶ所霊場においては、八幡宮などの神社は札所として
大きな存在だったと思われる。そのような場所に行かなくなるというの
は、小豆島遍路の性格が変わるほどの変化だったのではないだろうか。
以上を図式化すると図6のようになるであろう。

　次に、小豆島遍路の各構成要素が、お遍路にどのような性格を与えて

---

[12] 頼富本広（2009）、2～4章参照。

きたかを考察してみたい。

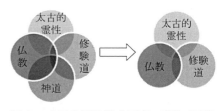

図6　小豆島遍路構成要素の変化（仮説）

（2）太古的霊性

　四国遍路は、非常に古い原始的宗教といえるものをその基礎にもっている。そのことは宗教民俗学者が指摘しているし、またわれわれが実際に遍路体験をして感じるところでもある。

　四国遍路は弘法大師が始められたと一般に言われるほど、遍路は大師信仰が基礎になっているが、五来重氏は、空海真言密教の成立する根底に、より古い山岳宗教と海洋宗教の行的世界があったという。[13] 空海が身を投じたこれらの修行は、日本の原始的信仰に由来するものであり、そこから後世の修験道や遍路が生まれたという。五来氏によると、遍路はもともと海洋信仰の辺路（辺地）修行であった。四国の辺路とは、「海辺を窟籠り木食草衣で行道修行してまわるものだった。」[14] 山岳修行も辺路修行も、浄行をおこなった。頼富氏も、四国遍路の構成要素のひとつにこのような原始的信仰があるという宗教民俗学の見解に賛同している。[15]

　「木食草衣」の修行と比較すると、現在の四国遍路はぜいたく極まりないが、それでも太古的霊性のなごりとでもいえるものを見出すことができる。それは、遍路に教義的なものが少なく、自然体験から学ぶことを重視しているところである。遍路では、ことばではなく、自然そのものから人生の生き方を学びとるのである。たとえば、毎日歩くのがお遍路であるが、お天気は晴れだったり、雨だったりする。晴れの日も、雨の日も、歩き続ける。そして、やがて人生もそうなのだと気づく。人生にも、晴れの日、雨の日がある。たとえ雨の日であってもめげずに生きていかなくては、と思うようになる。このような感性や象徴的思考法

---

[13] 五来（1994）、119ページ。
[14] 五来（1994）、107ページ。
[15] 頼富（2009）38ページ。

は、古代的宗教あるいは原始宗教の特徴である。

　四国遍路には教義的なものは少なく、そのかわり、象徴やたとえ話がある。「人生は遍路なり」、一人旅でも「同行二人」、お遍路さんの杖は「金剛杖」、白衣は死と再生をあらわす、などである。エリアーデやスウェーデンボルグは、古代人は象徴的思考法により、自然から霊的な意味を汲み取ったという。そのように、われわれもお遍路を通して、自然が語る言葉を学びとっていく。空海も悟りの境地はことばでは表現できないという。むしろ、たとえば文字通りの「明鏡止水」の風景に遭遇して悟るということがあるのかもしれない。自然のつくりだす無限の風景は、無限の教えである。自然から真理を学ぶことこそ重要ではないだろうか。遍路の構成要素としての太古的霊性の意義はそこにあると思われる。[16)]

（3）仏教

　四国遍路では、札所の本尊仏を前に、懺悔文、三帰、三竟、十善戒、発菩提心真言、三摩耶戒真言、般若心経、十三仏真言、光明真言、大師宝号、廻向文などを唱える。

　これらは、非常にシンプルな仏教の教えであるが、実に中身が濃い。すべて悪業は貪瞋癡の三毒に由来する。不殺生、不偸盗、不邪淫、不妄語、不綺語、不悪口、不両舌、不慳貪、不瞋恚、不邪見を戒めとする。そして空の思想をもつ。有にも無にもとらわれない、肯定にも否定にもとらわれない。自利利他行を実践する。ただそれだけの教えである。これを何百回、何千回と唱えることで、自家薬籠中のものとする。そして随時これを思い出して、自分の心をわずかでも上に引き上げる。結局、人間であるかぎり、十善戒を完全に守るのは不可能であろう。しかし、善か悪かの選択の場面に遭遇したときに、ひとつでも多く善を選択することができれば、これらの教えを唱える意味は十分にあるといえよう。

　地球環境問題、物質的豊かさの反面の生きがいの喪失など、現代文明

---

16) 遍路における太古的霊性については、大賀（2011）を参照願いたい。

は明らかに行き詰っている。今、仏教国ブータンの国づくりが注目されているが、現代の危機に対するひとつの処方箋は、仏教の教えであると思われる。梅原猛氏は、大乗仏教の現代的意義を次のように述べているが、筆者も全面的に賛意を表明したい。「現代文明はまさに人間を宗教や道徳の束縛から解放し、人間の欲望を最大限に満足させようとするものでありましょうが、その欲望を空の思想によって反省させ、人間を欲望人としてではなく精神人として再生させ、人間に利他の徳を教えることは、現代文明にとって真に重要なことであると思います。」[17]

　お遍路で学ぶ仏教の教えは実にシンプルなものであるが、現代人が実生活において必要とする生きるための具体的指針を豊かに提供している。人間の心が低いレベルからより上のレベルに上昇していくためには、罪を懺悔し、自己改革し、神仏の力を得て再生していく必要がある。お遍路とはそのような再生をめざすものであることは、衛門三郎伝説に表現されているとおりである。再生の過程においては、自分の罪がどのような種類の罪なのか、それを克服するのに何が必要かなど、概念的思考は必要である。そのようなプロセスを導くのが仏教の教えということになる。

（4）　神道

　次に取り上げるべきは、お遍路の構成要素のひとつとしての神道である。「神道」は、定義が困難といわれるほど広い意味内容を含んだことばであるが、お遍路との関連においては、札所としての神社、そしてそれに関連して日本人の自然観が問題になる。

　まずは神社についてであるが、神仏分離で小豆島八十八カ所から外れた神社系の札所をあげてみよう。第10番亀甲八幡宮、その別当寺である第9番八幡寺、第35番宝亀山八幡宮、その別当寺である第34番保壽寺、第52番八幡宮、その別当寺である第51番宝憧坊、第59番天満宮、第63番

大木戸八幡宮、第66番伊喜末八幡宮、その別当寺第67番瑞雲寺、第71番
滝ノ宮、第85番福田八幡宮、その別当寺である第83番神宮寺。以上13の
札所である。

　これらのうち、11の札所は、6つの八幡宮とその別当寺である。これ
らに天満宮と滝ノ宮が加わる。八幡宮の祭神は応神天皇（品陀和気命）、
神功皇后（息長足姫命）、姫太神（仲姫命）である。天満宮の祭神は菅
原道真公、滝ノ宮の祭神は牛頭天王である。八幡宮の本地仏は、亀甲八
幡宮の愛染明王、福田八幡宮の弁財天を除いてすべて阿弥陀如来であ
る。これらの神社と別当寺にあった本尊は、すべて別の堂庵などに移さ
れ、現在も巡拝の対象になっている。したがって、神仏分離でお遍路さ
んの礼拝の対象から外れたものは、神社とその祭神ということになる。
ただ祭神についていうと、実際には、神社はどこも一柱だけの祭神では
ない。本社があり摂社・末社があり、いろいろな神を祀っている。たと
えば、宝亀山八幡宮をとっても、江戸時代から、八幡宮本社の他に、住
吉社、高良社、祇園社、金毘羅祠を祀っている。また、これらの祭神の
みならず、シンパクなどの巨木にも注連縄が張られている。神社では、
いわば八百万の神が祀られてきたのである。

　お遍路において神社系の札所が排除されたことの意味は、祭神より、
むしろ神社という場所そのもの、すなわち神社のもつたたずまい、神社
に残された自然を味わう機会がなくなったところにあるのではないかと
思う。この場合の神道は、国家によって権威づけられた神道ではなく、
原神道、原始神道と呼ぶべきものである。かつて、神社合祀によって
身近な神社がなくなっていくことに反対した南方熊楠が評価するのも、
「何事のおはしますかを知らねども有難さにぞ涙こぼるる」もの、「言語
理屈で人を説き伏せる教えにあら」ざるものとしての神道であり、原始
神道と呼ぶべきものである。[18]

　梅原猛氏は「縄文の宗教」と呼んでいるが、彼によると、原始神道

[18) 南方熊楠（1971）、550〜551ページ。

の特徴は木の崇拝と祖先崇拝の二つだという。すなわち、まず第一に、「生きとし生けるものはみんな平等であり、同じ生命である」[19] という考え方があった。そして、その生命を象徴するのが木である。したがって、日本人の信仰の基本は木の崇拝である。第二に、「死んでも必ず再生してくるという、生死の循環の考え方」があった。これが祖先崇拝・死者供養につながっている。この二つの考え方は、現代の日本人の根底にも根強くあるという。

　木への信仰ゆえに、原始的神道においては、森そのものが聖所であり神社であった。日本人にとって、神社は木を切ってはならない場所であったから、現在でも、神社には太古の森が残されているのである。小豆島においては、旧札所であった亀甲八幡宮、伊喜末八幡宮、福田八幡宮などの社叢は、県や町の天然記念物に指定されている。たとえ指定されていなくても、どこの神社も緑が豊かである。

　われわれは、神社の森に入ったときに何を感じるだろうか。神秘、爽快感、癒し、落ち着き、自由、浄化、などの感覚であろう。そして、神社に残る巨木には特別の聖なる力が宿っているように感じられる。近代文明は、人間が自然を支配することをよしとするが、神道は自然との共存をはかる思想である。自然との接し方にもいろいろなスタイルがあるが、ここでは、宮家準氏の整理にならって、神道は山のふもとで拝むこと、静かに座って祈ることと特徴づけておきたい。[20]

（5）修験道

　神道も仏教も、静かに座って祈るあるいは瞑想する宗教であり、いわば「静」の宗教である。これに対し、修験道は神道、仏教の両方の流れを汲みながらも、峰々を歩く抖擻（とそう）やその他の行をもつ「動」の宗教である。小豆島は、太古の火山活動とその後の浸食作用でできた島であり、標高800メートルを超える山があり、断崖絶壁、多数の洞窟

---

[19] 梅原（1991）、54ページ。
[20] 神道文化会（2009）、122ページ参照。

があって、修験道の行場には事欠かなかった。『内海町史』によると、近世初期、第21番札所清見寺の近くに玉泉院と玉蔵院という二つの山伏寺があり、小豆島の「山伏頭」として全島の山伏の中心的存在であったという。[21] これらの山伏寺は、平地にある寺であったが、おそらくここを根拠地にして山の行場で修行が行われていたのであろう。

　現在、小豆島遍路の山岳霊場・山岳奥院が14ヶ所あるが、これらは古くは修験道の行場だったようである。これらの霊場には、通常、お遍路では行かない危険な場所があって、現在でもそこで修行する行者さんがいるという。役ノ行者を祀っているところも多い。また現在でも、毎年、いくつかの霊場では柴燈護摩の行事が行われ、多くの信者を集めている。お遍路さんは行者ではないので、修験道の修行をして霊験を身につけるわけではないが、山道を歩くという意味では、お遍路も抖擻に近い行為を行っているといえよう。

　小豆島の山岳霊場は、小豆島遍路でもっとも神秘的な場所、非日常的体験をする場所である。まず、山の中に天然の岩屋・洞窟があること自体、人々に神秘的感情を呼び起こす。そこにたどり着くには、笠ヶ滝のように、急な岩の斜面を、ときには鎖を頼りにしながら登らなくてはならない。暗い洞窟に入ると、ろうそくの火に照らされて、ぼんやりと本尊の不動明王や薬師如来が見える。礼拝が始まると、読経の声が洞内に響きわたる。護摩木がパチパチと音を立てて燃え上がる。これによって煩悩罪障が焼き尽くされるのだという。いかにも霊験あらたかといった雰囲気がある。小豆島遍路の魅力は、山岳霊場にあるというお遍路さんはまことに多い。

　洞窟内での護摩祈祷は、煩悩罪障を焼き尽くすというのだから、お遍路さんにとっては、胎内くぐりと同様に、死と再生を疑似体験する意味があるのではないだろうか。また、再生とは古い自己との戦いであり、苦行を伴うのが通例である。修行が求められる。その点、山岳霊場は、

---

[21] 香川県小豆郡内海町（1974）319ページ。

もともと修験道の行場であり、標高2〜300メートルの高さにあるので、歩いて登るだけでも修行になる。いくつかの行場を訪ねれば、山を登ったり降りたり、けっこうな難行苦行である。行場には、岩場があり、断崖絶壁がある。山岳霊場が教えるのは、人生の厳しさ、「人生とは修行なり」ということであろう。

（6）小括

　以上、古式小豆島遍路の構成要素として、太古的霊性、仏教、神道、修験道と見てきたわけだが、それでは、小豆島遍路から神道が消滅したことの意味は何だろうか。遍路から神道的要素が排除されたとは、要するに、自然がもっとも豊かに残っている場所に行かなくなったということである。もちろん山岳霊場には自然が残っているが、山岳霊場の自然は岩が中心で、険しい表情の場所が多い。それとは違う表情の自然、樹齢何百年という木々が林立するような癒しの場所が神社であるが、そういう場所に行かなくなったということである。お遍路はいろいろな要素で成り立っており、それぞれの要素がそれぞれの作用で人間の再生を促している。仏教は人生哲学や、十善戒のような実践すべき戒律を与える。修験道の行場は、人生の厳しさ、修行の大切さを教える。神社の大木は、何百年という悠久のいのちそのものである。神社の森に入ると心が浄化され、癒される。里の神社は、基本的には慰安・癒しの場所といえよう。このように、神道的要素は、癒しを与えるものであるから、神仏分離によって神道的要素が排除されたことは、遍路から癒しの力が削り取られたということではないだろうか。

3. 古式小豆島遍路を歩く

　これまで、神仏分離で神社系の霊場が廃止されたことの意味を考えてみたが、次に、実際に神仏分離以前の小豆島遍路を歩いてみて、上述の議論を検証してみたいと思う。以下、その検証の結果を記す。なお、筆者は、これまで小豆島遍路の通し打ちを1回、区切り打ちを5〜6回行

なっている。今回のお遍路は、2011年の11月〜2012年1月にかけて、一泊、または日帰りで歩いた。小豆島の神社を含めて巡ったのは、今回が初めてである。

（1）第1番〜第11番霊場

　小豆島遍路を始めるためには、まず船に乗って島に渡らなくてはならない。小豆島遍路は、船に乗って海を渡るところから始まる。そして海を渡ることは、お遍路さんにとっては、非日常的世界に移動する儀式になっているといえる。日常の煩悩の世界から、彼岸に渡るのである。お遍路さんにとって、小豆島は聖なる島である。

　もし坂手港に降り立ったとすると、第1番から順に第11番まで打ってもそれほど支障はないであろう。しかし今回、筆者は草壁港から歩きはじめたので、第1番から始めるというのは都合が悪い。そこでまず、港にもっとも近い旧第10番札所の内海八幡宮に参拝し、9→8→7→2→1→3奥院→3→4→5→6→10→11の順で巡拝した。草壁からだと、これがもっともロスの少ないルートである。

　内海八幡宮は、現在は遍路の札所ではないが、かつては小豆島遍路第10番札所だった。神仏分離によって、本地仏の愛染明王は、1キロほど離れた現在の第10番札所西照庵に移された。『小豆嶋名所圖會』には、この八幡宮は第10番札所と記され、八幡大神が説明されているだけで、特別の記述はない。江戸時代のお遍路さんはここに来て何を感じたのだろうかと想像してみる。

　内海八幡宮は亀甲山八幡宮とも呼ばれるように、亀の甲羅のような小高い山で、社殿のあるところは標高約40メートルである。山全体が鬱蒼たる森になっている。この森は、生態学上貴重なウバメガシ型の社叢という理由で、県の天然記念物に指定されている。注連縄を張った大きなシンパクの木も見られる。森の中の石段を登って行くと、社殿のある敷地が広がる。敷地の周囲には樹木が茂っていて、眺望はない。お遍路で来る神社は森（杜）なのだと、実際に神社を訪れてあらためてそう感じる。

　江戸時代のお遍路さんは、神社でどのような礼拝を行ったのであろうか。真念の『四国遍路道指南』によると、般若心経についての言及はないので、小豆島でも般若心経は唱えなかったのであろう。そのかわり、ご詠歌を唱えると書かれているので、ここでもおそらく「末遠くかけてぞ仰ぐ石清水　ながれ絶せぬ神の恵を」のご詠歌が唱えられたのであろう。

　この八幡宮の下に、かつては別当寺の八幡寺があり、そこが第9番札所だったが、神仏分離で廃止されて今はない。現在では、その八幡寺の御本尊不動明王は、少し離れた庚申堂に祀られている。庚申堂を訪れ、さらに第8番常光寺、第7番向庵の順で参拝する。筆者が訪れた2011年11月13日は、第2番札所碁石山で柴燈護摩供が行われる日だった。碁石山を管理している第8番札所常光寺は、大勢の信者さんでにぎわっていた。男子小学生たちは、りりしい山伏姿で、兜巾、結袈裟を着けている。山岳霊場の碁石山に登ると、山伏姿の行者が柴燈護摩の準備をしていた。このような儀式をまのあたりにすると、小豆島における修験道の影響の大きさを実感する。柴燈護摩供は、現在、碁石山の他、清滝山、長勝寺、笠ヶ滝、清見寺などで行われている。

　『小豆嶋名所圖會』は、山岳霊場の第1番札所洞雲山と第2番札所碁石山を大きく扱っている。それだけ小豆島を代表する名所と見なしていたのであろう。洞雲山、碁石山は、今も昔と変わらぬ森である。岩肌がむき出しになった断崖絶壁があり、山伏の修行の場であった。洞雲山について、「毘沙門堂は広さ三丈、深さ八丈許の巌洞石窟の中に構う。闃寥として座禅観法の名場なり」と書かれている。[22]　現在も神秘的な雰囲気が漂う石窟である。現在の碁石山も、『小豆嶋名所圖會』に描かれた絵とさほど大きな違い

図7　洞雲山付近の展望台からの眺望

22) 暁、431ページ。

がない。ただし、現在本堂になっている洞窟は、入り口に大きな建物が建てられていて、暗い洞窟になっているが、江戸時代はこの建物がないので、光が差し込んでいたのではないかと思われる。

　碁石山からの眺望はすばらしい。また、洞雲山からさらに南に山道を歩くと播磨灘を望む展望台があるが、ここからの眺望もさぬき十景に選ばれた絶景である。そしてさらに東に進んだ第３番奥院隼山からの眺望もすばらしい。『小豆嶋名所圖會』には、隼山について「堂前より海上眺望よし」と書かれていている。「殊更晩春の頃は、階下の桜花爛熳たる光景また類なし。且境内より向ふを望めば、烟波渺茫として、海舶の白帆は飛花と疑れ、海士の釣舟は落葉に似たり。……阿波の山々より讃岐の峯々列りて、山水の美観言語に絶せり。されば当山の勝地なることは、遠近に聞こへて其名高し」。[23] このあたりは、標高約250メートルから瀬戸内海のパノラマ景を見ることができる場所である。今も、碁石山、洞雲山、隼山から望む瀬戸内海の風景は、みごとというほかない。遍路にはこういう楽しみも昔からあったということは注意しておくべきだろう。

　隼山から車道を下って行くと坂手の第３番札所観音寺に至る。『名所圖會』には、「当寺境内より眺望すれば、坂手の浦直下にありて、海上渺々たる風景すこぶる美観なり」と書かれている。ここは海抜20メートルほどの場所である。現在は、埋め立てられ海岸線がやや海に伸びているが、かつてはのどかな浦の風景であったのだろう。

　観音寺のすぐ近くに大樹が林立する鎮守の森があった。荒神社で、社叢は内海町指定天然記念物という表示があった。お遍路で神社に参拝していた時代の人は、おそらく、札所ではないこのような神社にも自然に頭を下げたのでは

図8　坂手荒神社の社叢

23) 暁、439〜440ページ。

ないかと思う。それは、今日のお遍路さんが遍路道沿いのお地蔵さんを
拝むのと同じだと思うのである。

　坂手から一山越えると第4番古江庵である。現在は内海湾の美しい浜
辺にあるが、『小豆嶋名所圖會』には、「古江村山の半腹にあり」と書か
れているので、庵の場所が変わった。古江から田ノ浦の二十四の瞳映画
村まで、現在は、海辺の立派な県道があり、お遍路さんもこの道を歩
く。大型の観光バスに何台も追い越されながら、車道を30分ほど歩く
と難なく第5番堀越庵に着く。しかし、江戸時代は悪路だったらしい。
『小豆嶋名所圖會』には「山路にして頗る難処多し」と書かれている。
大正時代にお遍路をした荻原井泉水は、古江から堀越庵まで舟に乗って
いる。井泉水によると、当時は歩く人もあり、舟に乗る人もあったとい
う。時間は同じぐらいだと彼は書いている。江戸時代も舟を雇う人が多
かったのであろう。

　堀越庵から第6番田ノ浦庵へは、先述のとおり、今では海辺の平坦な
車道があるが、今回は山越えの遍路道を行く。馬も立つほどの急坂に由
来する馬立峠を越えて田ノ浦庵に至る。この道も、『小豆嶋名所圖會』に
「山路いたって険しく、難所多し」と書かれている。海抜150メートル程
度の峠なので、やや誇張的表現のようにも感じられるが、それは筆者が
登山靴をはいて歩いているからだろうか。草鞋で岩のごろごろした道を
歩いた時代はつらかったのだろうと思う。現在は、木立の中の道であり、
眺望はほとんどない。田ノ浦庵参拝後は、アスファルトの県道を戻るこ
とにした。昭和初期の写真には、田ノ浦港から舟に乗るお遍路さんたち
の様子が写っている。（図3）岬の札所は打ち戻りになるし、悪路なの
で、片道は舟を雇うといったことも古くから行われていたであろう。

　田ノ浦から古江、苗羽（のうま）、馬木と県道をたどり、第11番馬木
の観音堂を打って、この日のお遍路は終わる。

（2）第12番〜第23番霊場

　第12番札所からは、札所の順番にしたがって巡拝する。この日は、最

初に第12番札所岡ノ坊、続いて第13番札所栄光寺を打った。そこから山道に入り、小一時間登ると、第14番札所清瀧山に着く。本堂にいたる急な長い石段、境内に林立する大木、その背後のむき出しの岩山が目に入る。荒々しい風景である。ここは標高500メートル、栄光寺の奥院で、修験の道場であった。昔から霊験譚に事欠かない霊場だと説明書きに書かれている。『小豆嶋名所圖會』に描かれている不動明王を祀った降魔窟、地蔵菩薩を安置した大慈窟は、現在では立派な建物に覆われており、中に入っても岩窟に入ったという印象はあまりない。『小豆嶋名所圖會』には降魔窟の前に「数間の梯子を架く」と書かれており、江戸時代は梯子をよじのぼって参拝したようである。

　また、現在では、清瀧山の目の前をブルーラインという寒霞渓山頂へ向かう大きな車道が通るようになり、駐車場もできて、車で参拝する人には便利になった。この道路がなかった時代を想像すると、昔はまことに閑寂な地であったにちがいない。

　現在の歩き遍路のコースは、清瀧山からブルーラインを西に向かって歩き、第20番仏ヶ瀧、第18番石門洞を打つのが一般的である。しかし、ブルーラインは昭和45年に建設された新しい車道だし、そもそも、江戸時代は、これらの霊場は札所ではなかった。そこで今回は、江戸時代のお遍路さん同様、清瀧山参拝後は、登った道をそのまま安田まで下ることにした。

　札所の変遷であるが、明治以降に、旧第18番札所東山庵から現在の石門洞に本尊の地蔵菩薩が移されている。また、下村の旧第20番札所下之薬師堂の薬師瑠璃光如来が、現在の仏ヶ瀧に移されている。

　安田に戻って、第15番札所大師堂を参拝し、第16番札所極楽寺に向かう。林の中の古い遍路道を抜けると極楽寺に着く。この日は月曜日のためか、参拝者がなく、納経所でご住職が、小豆島遍路の現状・将来像などについて時間をかけて話してくださった。小豆島遍路の長所のひとつに、このようにお遍路さんと住職との距離が近いことがしばしば挙げられる。本四国ではほとんどないことである。「親しみやすさ」が小豆島

遍路の特徴である。

　極楽寺から10分ほど歩くと一ノ谷庵に着く。お遍路さんへのお接待の
お茶が用意してある。手入れのよくゆきとどいた庵である。江戸時代末
期は「庵室の庭前に大樹の桜あり。枝四面にはびこりて、無双の美観な
り」という様子だったが、もちろん今はない。

　ここから10分ほどで第19番木下庵があり、その近くに第21番清見寺が
ある。第22番峯山庵、第23番本堂も近い。江戸時代には、第18番東山庵
も、第20番下之薬師堂もこのあたりにあった。500メートル四方ぐらい
のところに、18番、19番、20番、21番、22番、23番の札所があったのだ
から、このあたりは札所の密集地帯だった。

　『小豆嶋名所圖會』によると、現在の第19番木下庵は、江戸時代は上
之薬師堂と呼ばれていた。また、大正3年出版の『讃岐國小豆嶋實測量
改正旅行案内地圖』の表記を見ると、第20番札所と21番札所がともに清
見寺の中に記されている。第20番札所が清見寺内に移されていた時代が
あったようである。

　前述のとおり、『内海町史』によると、近世初期、清見寺の近くに玉
泉院と玉蔵院という二つの山伏寺があり、「当島山伏頭」として全島の
山伏の中心的存在であったという。清見寺は里のお寺であるから、一見
したところ修験道との関連は見えにくいが、現在の清見寺でも、毎年3
月に「大柴燈護摩火生三昧供」の大祭が行われている。

　第22番峯山庵と第23番本堂は、草壁の町の裏山にある。現在、これら
の丘から南を望むと、草壁の家並みが見え、そのずっと先に内海湾、そ
のむこうに田ノ浦半島の山が見える。のどかな風景である。

　小豆島遍路では当然のことながらよく海を見る。起伏の多い小豆島遍
路は、いろいろな高さから瀬戸内海を眺める旅ともいえるのではないだ
ろうか。田ノ浦半島を歩くときはまさに波打ち際を歩く。ここ峯山庵や
本堂は海抜十数メートルの高さである。碁石山や洞雲山は海抜250〜300
メートル。そして寒霞渓の入り口の清瀧山は海抜500メートル。どの場
所から瀬戸内海を見ても感動するが、高さが異なると海の印象も変わっ

てくる。

　波打ち際から見る海は、自分がそこに歩いて行けない場所、この世とは違う世界である。海の向こうに常世、補陀落浄土があると想像した昔の人々の気持ちがそれとなく理解できる。海抜十数メートルの高さから見る風景は、のどかな浦の風景である。間近に見えるのは家並の屋根の重なりである。その一軒一軒に人々の日々の暮らしがある。その先には穏やかな海が広がっている。まことに平和な世界である。200〜300メートルの高さになると、自分がそこにいた町や海辺は小さくなってしまい、あたかも盆栽かおもちゃのように見える。自分が巨人になったかのようである。この高さからは、もう人々の暮らしを感じることはできない。むしろ、少し登っただけで世俗の世界から離れてしまったことに驚きを感じる。清滝山や寒霞渓のように海抜500〜600メートルだと、いっそう超越的世界にいると感じられる。海を眺めても体感しているのは空である。海からの高さは、そのまま世俗の世界との心理的距離ではないだろうか。山には、海の向こうの別世界とはまた違った神の世界があるように感じられる。山の上が聖地になり、祠がつくられているのは、ごく自然なことだと思う。

　『小豆嶋名所圖會』の絵によると、昔は峯山庵と本堂のすぐ下が家並みで、その先は塩田のある浜辺だった。現在国道が走っているところは、かつては海だった。草壁の町は埋め立てでかなり広がった。江戸時代は、海はずっと現在の陸地にまで入り込んでいたのである。今回のお遍路は第23番で終了。

（3）　第24番〜第34番霊場

　再び草壁港に来る。しかし今回は前回とは逆に、そこから国道を西に向かう。清水というところで旧道に入る。道しるべに従って歩いて行くと巨木が密生している場所があった。日方の神社である。立て札には、「西村高木明神社社叢、内海町指定天然記念物」とあった。しばし巨木を眺める。

　第24番札所安養寺はその神社の近くにある。本尊如意輪観音。日方の名は干潟に由来するらしい。『小豆嶋名所圖會』によると、かつてこのあたり一帯は、西村梅林と呼ばれ、内海十勝の一つだった。「清水・日方の間、一円に梅林にして、如月花の盛には清香馥郁として、沖ゆく船も賞美せざるはなし」と書かれている。[24] 現在は、みかん畑とオリーブ畑になっており、梅はほとんどない。古い道を歩いて行くと、第25番誓願寺庵があり、お水の大師がある。さらに第27番桜の庵と第26番阿弥陀寺がある。いずれも里のお寺、堂庵である。桜の庵は、江戸時代は観音堂と呼ばれていた。このあたりで、ようやく数本の梅の老木を見つけた。西村梅林のなごりはそれだけだった。それ以外は、みかん畑かオリーブ畑、竹林になっている。

　阿弥陀寺を打つと、いったん国道に出る。しばらく西に歩いて、西村水木のオリーブ園のあたりから三都半島への道に入る。第28番札所薬師堂へは、この海沿いの県道を歩いていけばよいが、今回は途中から半島の中央部を通る旧遍路道に入る。見晴らしはよく、内海湾が美しい。この遍路道が県道250号線に合流する地点に、旧第28番札所薬師堂跡がある。かつて蒲野の薬師堂はここにあった。ただ、現在は500メートルほど離れた海辺の場所に移転している。蒲野への道は、現在は立派だが、昔はよくなかった。『小豆嶋名所圖會』には「山路にして難所多し」と書かれている。荻原井泉水の小豆島遍路では、水木から蒲野の間は舟を利用している。

　旧第28番札所があったあたりから、半島を横断する徒歩専用の山道に入る。曇り空ということもあってか、ここは昼なお暗いウバメガシの森である。薄暗い山道が延々と続くと、だんだん現実感覚

図9　ウバメガシの森の中の遍路道

がなくなってくる。歩いても、歩いても、同じウバメガシの中の景色である。夢なのか現実なのか。自分が自然の中に溶けこんだかのような感覚を味わう。空海の「六大無碍にして常に瑜伽なり」とはこういう状態だろうか。そのような少し神秘的な雰囲気の漂うこの山道で、その昔、弘法大師に出会ったという人がいる。小西庄助翁という人物で、現在はその出会いの場所に「修行大師と御出合の霊跡」という石碑が建てられている。石碑が建てられる以前は庵が建てられていたそうである。石碑の裏には「奥丹大師会建立、昭和60年10月吉日」と彫られているので、この会の先達さんだったのであろう。このような石碑が建つということは、小西氏にとって大師との出会いがよほど確かな現実と感じられたのであろう。

　ウバメガシの森を抜けるとやがて第29番札所風穴庵に着く。江戸時代は風穴権現社と称していた。本地仏が地蔵菩薩であった。この庵のあるところは、海抜100メートルであるが、岩山に海につながる空洞があって、岩のすきまから海風が吹き出して塩が付着している。不思議な場所である。駿州富士山にも同様の風穴があるというので、この地は富士と命名されている。ここからの眺望は今もよい。『小豆嶋名所圖會』では次のように紹介されている。「此草庵の庭前より眺望は、滄海漫々として、眼下には神の浦・弁天嶋・白浜・釈迦が端向ふに突出、はるかには狭貫の山々列なり、就中八栗の五剣山・屋嶋・志度の浦より、女木嶋・男木嶋、その余許多の小嶋、景色絶勝にして美観なり」。[25] ここで弁天嶋というのは、現在の権現崎のことである。今はここに皇子神社がある。植物の宝庫であり、この岬全体が国指定天然記念物になっている。

　風穴庵から正法寺を経て第31番札所誓願寺へは、海沿いに県道250号線をたどる。途中、吉野崎あたりの広大な海の景色はすばらしい。吉野崎を越えると二面（ふたおもて）という町で、そこに第31番札所誓願寺がある。誓願寺の前には田んぼが広がっているが、江戸時代は塩田だっ

---

25) 暁、484ページ。

た。誓願寺には、国指定天然記念物の巨大な蘇鉄がある。江戸時代にも
あったはずだが、なぜか『小豆嶋名所圖會』には言及がない。ここから
１キロほど歩くと第32番札所愛染寺である。ここには樹齢900年といわ
れるシンパクがある。宝生院のシンパクには及ばないが、このシンパク
も立派である。小豆島の霊場にはまことにシンパクの巨木が多い。

　第32番愛染寺の次は、第34番保壽寺庵を経て、第33番長勝寺を打つこ
とになる。巡拝の順番が入れ替わったのには理由がある。長勝寺の近く
に池田の宝亀山八幡宮があるが、神仏分離以前は、この八幡宮が小豆島
遍路第35番札所だった。そして江戸時代は、そのすぐ下に別当寺の保壽
寺があって、これが第34番札所だった。神仏分離で保壽寺は廃され、少
し離れた場所に保壽寺庵が建てられ、これが第34番札所として現在に
至っている。また、宝亀山幡宮も札所ではなくなり、第35番札所は現在
の林庵に移された。八幡宮の本地仏は、現在では長勝寺に納められてい
る。その神仏習合の仏像三体は国の重要文化財である。

　今回は、長勝寺を参拝した後、かつての第35番札所だった宝亀山八幡
宮に行ってみた。ここは今も『小豆嶋名所圖會』の絵とほとんど変わら
ない。神社を取り囲んでいるのは鬱蒼たる鎮守の森である。両側に大き
な木が立ち並ぶ参道を登って行くと随身門があり、そこをくぐると草一
つない裸の地面が広がっている。その広場の奥に社殿があった。社殿の
右手には、注連縄を張ったシンパクがある。密生する大きな木、開けた
空間、そして社殿。この八幡宮の風景も単純明快ですがすがしい。この
八幡宮も昔から鎮守の森で、神が鎮座する癒しの空間だった。江戸時代
のお遍路さんが享受したこのような癒しの空間を、今日のお遍路さんが
享受できないのは、まことにもったいないことのように感じられた。今
回のお遍路は、この宝亀山八幡宮で打ち止めにした。

（4）第35番～第55番霊場

　今回は、池田港を出発し、中山を経て土庄へ至るやや長距離の遍路
である。巡拝の順番は、40→41→42→35→39→38→36→37→43→45→4

4→47→48→46→74→49→50→51→52→54→55→56となる。第53番本覚寺は、かつて第54番宝生院の隣にあったが、火事で焼け、現在は渕崎に移っているので、今回のお遍路のコースに含まれない。これとは反対に、番号が飛ぶが、第74番札所の円満寺がこのルートに含まれる。

　最初に第40番保安寺を打ち、そこから急な山道を登って第41番札所仏谷山に至る。この岩窟内の霊場には住職が常駐され、ほとんどいつでも護摩祈祷が体験できる。『小豆嶋名所圖會』によると、かつては窟内に病者のための蒸風呂があった。本尊は薬師如来。ここからの眺望はすばらしい。しかし、次の第42番西ノ瀧からの見晴らしは、それをしのぐ。小豆島遍路では、西ノ瀧からの景色が一番という人が多い。『小豆嶋名所圖會』の記述を見てみよう。寺伝として次のように紹介する。「淡路嶋・阿波の鳴戸東に浮ひ、讃岐の志度・屋嶋・八栗の嶽・鹽飽の浦・金毘羅の山・備前の兒嶋、西南の見ものをつくす。滄海渺茫として萬里の天をひたし、往來の船、鳥とひ、木の葉ちる。夜ふけひとしつまりて、龍燈しはしは現す。煮鹽のけふりななめになひき、負薪の歌ひ、きすさましく、鋤を荷ふ農夫、竹をたく漁翁、朝のひかり、夕のかすみ、百千の景象たゝ一望の中におさむ。」[26] 煮鹽の煙や負薪や鋤を荷う農夫などの光景は、今では見られないとしても、ここに描かれた広々とした眺望は決して誇張ではない。ここからの風景は今も昔もほとんど変わらないようだ。

　ここから山道を下って、第35番林庵、第39番松風庵、第38番光明寺と打ち、二つの札所が並んでいる第36番釈迦堂、第37番明王寺に至る。第36番釈迦堂は、『小豆嶋名所圖會』には、高寶寺として出てくる。明王寺の住職によると、

図10　西ノ瀧からの眺望

26) 暁、496～497ページ。

かつては、ここには明王寺より大きな寺があったそうである。今は寺は
なく、国の重要文化財に指定されている釈迦堂だけが残っている。小豆
島で国の重要文化財になっているのは、長勝寺の八幡宮本地仏と釈迦堂
のみであり、貴重なものである。

　池田の里の寺院・堂庵を打った後は、中山への道を登って行く。昔は
細い山道だったであろうが、今は大きな舗装道路である。峠を越えて少
し下ったところに第43番浄土寺がある。現在は、第45番地蔵寺堂も同じ
境内にある。地蔵寺堂は、かつては地蔵寺として一寺を構えていたが、
廃止され、浄土寺に本尊が移された。浄土寺からさらに山道を登って行
くと第44番湯船山がある。『小豆嶋名所圖會』には湯船山蓮華寺として紹
介されている。その絵を見ると、行者堂があり、王子権現があり、修験
道の影響の強い寺だったことが明瞭に示されている。標高400メートルの
地にあり、社叢は県の天然記念物に指定されるほど豊かである。境内に
は日本の名水百選に選ばれた泉があり、その下の中山千枚田を潤してい
る。今は無住のお寺で訪れる人も少なく、幽玄の趣のある名所である。

　ここから山道を下りながら、第47番栂尾山、第48番毘沙門堂を巡拝
し、肥土山の第46番多聞寺に至る。多聞寺から第49番東林庵に行く途中
に、第74番円満寺があるのでここも参拝する。この寺のシンパクの巨木
は土庄町の天然記念物に指定されている。次の第49番札所は、江戸時代
は、萬願寺であった。『小豆嶋名所圖會』には「當時大に廢して、僅の
草庵存す。」と記しているので、江戸末期には消滅寸前の状態だったよ
うである。その残った草庵が東林庵となったのであろう。

　第50番遊苦庵（旧薬師堂）を経て、第54番宝生院に至る。第51番宝幢
坊、第52番旧八幡宮も同所にある。宝生院の名物は、シンパクの巨木で
ある。『小豆嶋名所圖會』には、「寺境に檜柏の大木あり」とだけ書かれ
ている。このシンパクは日本最大といわれ、国指定の特別天然記念物で
ある。巨樹というが、一本の木でほとんど森というべきである。筆者
は、昔、屋久島に登り縄文杉を見たことがあるが、それと同等のインパ
クトがあるように感じられる。これまで小豆島遍路でたくさんのシンパ

クの巨木を見てきたが、それらとは次元の異なる巨木である。

　宝生院から、第55番観音堂、第56番行者堂に向かうのが通常のお遍路コースであるが、江戸時代のお遍路を体験する今回は旧第52番富丘八幡宮に向かった。八幡宮の鳥居に着くと、傍らに、「富丘八幡神社」「国立公園八幡山」「讃岐十景」の三つの石碑が建っていた。鳥居をくぐり、参道を抜けると馬場があり、その奥まったところに桟敷がある。桟敷の上方は緑の森になっている。山頂から向こう側、東の尾根づたいに多数の古墳があり、富丘古墳群として知られている。桟敷の中を上って行くと左手に社殿に至る石段があった。その石段から眺める海は絶景であった。讃岐十景に選ばれ、映画のロケ地にもなった理由がよくわかった。江戸時代のお遍路さんは、こんなにすばらしい風景を見ることができたのである。この八幡宮と別当寺の宝幢坊が札所からはずされ、宝生院に旧八幡宮、宝幢坊として移されてしまったことは、やはり残念というべきではないか。今回のお遍路はここまで。十分歩いたので、観音堂、行者堂は省略させてもらった。

（5）第58番～第64番霊場

　このコースは、小豆島を牛に見たてたときの頭の部分、すなわち前島一周の短いコースである。巡拝の順番は、霊場会総本院、64→58→58奥院→59→60→61→62→63である。

　今回は、土庄の霊場会総本院から始めることにした。総本院を出ると、すぐ近くの第64番札所松風庵に行くのがふつうの巡拝コースである。しかし、松風庵は神仏分離でつくられた札所である。そこ

図11　宝生院のシンパク

図12　富丘八幡宮からの眺望

で、江戸時代のお遍路体験を目的とする今回のお遍路ではここに行かず、旧第59番天満宮に行くことにした。今回初めて気づいたのであるが、松風庵の入り口と旧第59番札所天満宮の入り口は同じである。天満宮の鳥居の直前で左折し、石段を上って行くと松風庵である。鳥居をくぐって、まっすぐ石段を上って行くと天満宮である。

　天満宮が遍路の札所というのは、少し意外な感じがする。『小豆嶋名所圖會』には、「本社天満大自在天神　草庵本社石階下にあり。宮守の僧こゝに住す。地蔵菩薩を安ず。」と書かれている。[27] この神社は、小豆島各地の八幡宮と比べるとやや規模が小さい。現在では訪れる人が少ないのか、石段も本社も老朽化していた。社殿のとなりに建物があって、裏口らしきものが見えたので、細い道をたどって反対側に出てみると、そこに現在の第64番札所松風庵があったので驚いた。天満宮と松風庵は、実は、隣り合って建っているのであるが、参拝者にはそれと分からないように、巧みに区切られていたのだった。筆者は、松風庵に何度となく訪れているのであるが、隣が天満宮だとはまったく知らなかった。松風庵の本尊は地蔵菩薩である。神仏分離で天満宮の地蔵菩薩を移す必要が出てきたとき、天満宮のすぐ隣に新たに庵をつくって安置したのであろう。『小豆嶋名所圖會』の絵を見ると、天満宮は愛宕山のふもとに、木々に囲まれて鎮座しているが、社殿以外は描かれていないので、松風庵は明治以降の建物であることがわかる。

　天満宮、松風庵を後にして、第58番西光寺に向かう。西光寺は前島にある堂庵すべてを管理するお寺である。現在は8ヶ所の納経をすべてここで行っている。次の第59番は甘露庵であるが、江戸時代は第60番札所で鹿嶋庵という名称だった。旧第59番の天満宮が廃止になって第64番松風庵になったので、順番がひとつずつずれたようだ。現在の第60番江洞窟も、かつては第61番だった。柳の港から江洞窟への道は、現在では、セメントで固められているが、そうなる前は、風が強い日は波しぶきを

---

[27] 暁、526ページ。

浴びる岩々をつないで歩く道であった。古い写真を見ると、いかにも海の修験の道場という趣がある。『小豆嶋名所圖會』には、「海濱より眺望いたつて絶景なり。」と書かれている。

　第61番浄土庵を経て、大木戸八幡宮を参拝する。かつては、ここが第63番札所だった。ここの本尊無量壽如来は、現在は、大木戸八幡宮の近くにある第62番札所大乗殿に祀られている。大乗殿と隣り合わせで、第63番札所蓮華庵がある。本尊は千手観世音菩薩。『小豆嶋名所圖會』では、第64番札所が観音菩薩を本尊とする観音堂となっているので、これが、名称が変わって蓮華庵となったのであろう。今回の遍路はこれで終了。

（6）　第65番〜第73番霊場

　今回は、土庄港を出発し、渕崎を通って伊喜末方面に向かい、伊喜末から東に転じて馬越まで歩くというコースである。巡拝の順番は、57→65→53→66→68→67→69→70→71→72奥院→72→73である。

　まず、渕崎にある第57番浄眼坊、第65番光明庵、第53番本覚寺の３霊場を巡る。土庄から渕崎に行くには、世界一狭い海峡、土渕海峡に架かる永代橋をわたるのであるが、永代橋なる橋は江戸時代にもあった。渡った渕崎には、かつては塩田が広がっていた。『小豆嶋名所圖會』は、浄眼坊について、「淵崎村にあり。當村にも鹽濱ありて、日毎に鹽竈に烟の間断なし。」と述べている。[28] 当庵は塩田の傍らにあったのであろうか。ここには町指定天然記念物のウバメガシの巨木があるが、江戸時代のお遍路さんもこれを見上げていたわけである。次の札所光明庵も、古くからの庵である。しかし、本覚寺は、前述のとおり、宝生院の隣にあったが、火事のため昭和初期に当地に移された。

　渕崎から海辺の道を一時間弱歩くと伊喜末に着く。通常のお遍路では、ここを右に折れて第66番等空庵に向かうのであるが、今回は反対に左に曲がって伊喜末八幡宮に行く。昔はここが第66番札所だった。ここ

の八幡宮も大きく立派である。小豆島各地の八幡宮では秋に勇壮な太鼓台奉納祭が行なわれるので、それなりのスペースが必要なのであろう。浜辺の鳥居のところには、馬場と呼ばれる広場があった。そして祭りを見物する桟敷が、ここ伊喜末にもつくられていた。そして標高30メートルの山の上に上って行くと八幡宮があった。『小豆嶋名所圖會』の絵を見ると、浜辺の木々が切られている以外は、昔とほとんど変わっていないのに驚く。この社叢も土庄町指定の天然記念物に指定されている貴重な森である。小豆島各地の八幡宮は、どこもよく人の手が入って美しく保たれている。地域の人々が大切に守ってきた聖地であることがよくわかる。おそらく昔から、村どうしが競い合って立派な八幡宮をつくってきたのだと思う。

　八幡宮を参拝して、元の道に戻り、現在の第66番等空庵まで歩いてお勤めをする。旧第66番の伊喜末八幡宮と新第66番の等空庵は比較するまでもない。八幡宮は千年以上にわたって村人が五穀豊穣を祈り、収穫を感謝してきた神を祀る大切な場所である。そのためにふさわしい場所が選ばれており、地域の景勝地である。等空庵は八幡宮の本地仏を安置するためにつくられたあずまやにすぎない。ここでも、またひとつ小豆島遍路で訪れる美しい場所が失われたのだと思う。

　等空庵を後にすると、第68番松林寺、第67番釈迦堂（瑞雲堂）、第69番瑠璃堂、第70番長勝寺の順に参拝する。これらのうち、第67番釈迦堂は、江戸時代は瑞雲寺という名の八幡宮の別当寺であった。神仏分離で廃寺となり、のちに小堂が建てられた。また、第69番瑠璃堂は、かつては薬師堂という名だった。第70番長勝寺には、播州赤穂の大石良雄の旧宅が庫裡として移築されたという言い伝えがあるが、『小豆嶋名所圖會』にはなにも記載がない。

　長勝寺から第71番滝ノ宮堂への道は、長いゆるやかな登り坂である。滝ノ宮堂の少し手前に、八坂神社がある。ここが江戸時代は滝ノ宮と呼ばれた牛頭天王を祀る神社であり、第71番札所だった。これまで、何度もこの八坂神社の前をお遍路で通っているのだが、神社の中に入ったの

は今回が初めてだった。平地にある神社で、参道、随身門、本社が一直線に並んでおり、鳥居の横に立つと神社の奥まで見通すことができる。このような美しい構図の神社は小豆島ではここだけではないだろうか。さらに驚いたのは神社を囲む豊かな森である。筆者が訪れたのは1月の雨の日だったが、境内に入ると、さまざまな鳥の大合唱に圧倒された。いつもこうなのか、渡り鳥がやってきているのか、これほどの鳥の喧騒を聞いたのは、小豆島ではここだけである。豊かな森は鳥の楽園だった。この神社は小豆島一の癒しの場所ではないかと思う。まことに名所である。江戸時代の小豆島遍路を紹介した本のタイトルは、『小豆嶋名所圖會』である。なるほど、小豆島遍路は名所巡りでもあったのだと、ここで気づかされた。

　滝ノ宮の鐘楼は文久3年（1863年）に再建されたが、神仏分離により、梵鐘は明治4年に滝ノ宮堂に移されて今日にいたっている。鐘楼は残っているが、その中には牛の石像が横たわっているありさまで、憐れである。この状態がこれからもずっと続くのであろうか。

　ここから第71番滝ノ宮堂、第72番奥院笠ヶ滝、第72番瀧湖寺、第73番救世堂の順で札所を打つ。笠ヶ滝は、現在では小豆島遍路でも一二を争う山岳霊場の名所である。断崖絶壁にはりつくようにつくられたお堂は見る人を驚かす。修験道の行場であるが、江戸時代はどのような様子だったのだろうか。ご住職の話では、管理している瀧湖寺の文書は火事で焼けて、古い時代のことがわからないらしい。『小豆嶋名所圖會』には笠ヶ滝についての言及はない。

第73番救世堂は、かつては観音堂と言った。『小豆嶋名所圖會』には「小馬越村にあり。俗に四ツ堂といふ。本尊観世音を安す。遍禮七十三番の札所なり。堂前に富士の棚あり。花盛のころ美観なり。」と書かれている。[29] 今回の遍路は

図13　八坂神社（滝ノ宮）の森

ここで終わる。

（7）第75番〜第81番霊場

　今回は、小豆島を牛にたとえると背中の部分、すなわち島の北側の海辺を歩くお遍路である。参拝の順序は、75→76奥院→77→76→番外藤原寺→78→79→80→81である。

　第75番大聖寺、第76番奥院三暁庵、第77番歓喜寺、第76番金剛寺、番外藤原寺は、互いに比較的近い場所にある。三暁庵、金剛寺のある屋形崎は、日本夕日百選に選ばれた夕日の名所である。このあたりを歩くと、雄大な海の眺望が広がる場所がいたるところにある。藤原寺を過ぎると、延々と海岸沿いの道を歩く。『小豆嶋名所圖會』を見ても、昔から波打ち際の道があって、人々は海を眺めながら歩いていたようである。

　小海（おみ）の第78番札所雲胡庵の少し手前に王子神社がある。ここは鬱蒼たる鎮守の森であるが、遍路の札所ではないので、筆者は、これまで横目で見て通り過ぎるだけだった。しかし、今回のように、八幡宮や滝ノ宮などの神社にも参拝する遍路をしていると、ここにも敬意を表して参拝しようという気になる。神社の境内に入ると、クスノキやカシなどの巨木のあるうっそうたる社叢で、県の天然記念物に指定されているという表示があった。『小豆嶋名所圖會』には「小海村の海濱にあり。林中森々として最神さびて殊勝也。」と紹介されている。[30] 太古の小豆島はこの神社のような植生だったらしい。本来の自然が神社には残っているのである。

　雲胡庵を打った後も、ひたすら海岸沿いの道を歩く。第79番薬師庵、第80番観音寺も海沿いにある。観音寺は長い石段を上って寺の境内に入るが、『小豆嶋名所圖會』にもほぼ同じ絵が描かれている。ここは、昔とほとんど変わらない風景のようである。

　今回のお遍路は、ほとんど海沿いの平地を歩いたのであるが、最後に

29）暁、548ページ。
30）暁、555ページ。

小部（こべ）で山道に入り、標高350メートルの第81番恵門ノ滝まで30分ほど急な山道と石段を上がっていく。恵門ノ滝は、現在は鉄筋コンクリート造りの横に長い大きなお堂がつくられているが、内部は三つに分かれた洞窟になっている。ここでも、現在は、真っ暗な洞窟の中での護摩祈祷が行われており、それを楽しみにしているお遍路さんが多い。『小豆嶋名所圖會』の恵門ノ滝の絵を見ると、当時は、そのような大きなお堂はなく、降魔窟と呼ばれる岩窟があって、その中に不動堂、大師堂がつくられていた。その右に二つの岩窟があり、右側の窟には一畑薬師が祀られていた。降魔窟とその右の岩窟の下には舞台がつくられていた。洞窟というが、ここも小豆島の他の山岳霊場と同様に、大きな岩の窪みであって、鍾乳洞のような洞窟ではない。かつては、光のささない真っ暗な洞窟というわけではなかったと思われる。小部の町に下りてきて、この日のお遍路は終了する。

（8）　第82番〜第88番霊場

　今回は、小部から豆坂を上って吉田へ行き、続いてまた山越えをして福田へ行き、そこから小豆島の東海岸を第88番札所までたどるというコースである。巡拝の順序は、82→83→84→85→86→87→88である。

　日本中の霊場を歩いておられる石門洞のご住職によると、小豆島遍路を歩くことができれば、どこの巡礼地も歩くことができるそうである。それだけ小豆島の遍路道は起伏が大きく厳しい。今回のコースにも二つの山越えがある。小部から吉田へ抜ける山道は豆坂という。名前の由来はよくわからないが、足にマメができるからとか、昔は豆石を敷いていたからという文章を読んだことがある。昔は、この山道を越えられない人々も多かったので、小部から吉田まで渡し船があった。大正3年の『讚岐國小豆嶋實測量改正旅行案内地圖』によると、「小部ヨリ吉田エ海舟路二里廿丁」と記されている。江戸時代も同様の渡しがあったであろう。現在は海辺の道ができ、バスが走っている。今、歩き遍路以外で豆坂を登る人があるのだろうか。ともあれ、豆坂を登り、標高350メート

ルの峠を越えていくと吉田ダムに出る。井泉水は、ここで水量豊かな谷
川について言及しているので、ダムのなかった時代は谷川でのどを潤す
こともあったのだろう。現在は、かつての遍路道はダム湖に沈んでい
る。湖を迂回してコンクリートの堰堤まで来ると、今度は落差70メート
ルのコンクリートの階段が待っている。そこを一気に下り終えると、第
82番吉田庵がある。江戸時代は薬師堂という名称であった。

　吉田から再度山越えをして福田に至る。まず訪れるのは福田庵であ
る。江戸時代、福田には神宮寺があった。福田八幡宮の別当寺で、旧第
83番札所であった。神宮寺は八幡宮の隣（現在の福田小学校のある場
所）にあったが、神仏分離で廃止になり、本尊の薬師如来を安置するた
めの庵がつくられた。これが現在の第83番福田庵である。ここを打っ
て、続いて近くの第84番雲海寺を打つ。この境内から眺める福田港方面
の風景が実にのどかで美しい。江戸時代はどうだったのだろうか。『小
豆嶋名所圖會』には「當寺の堂前より海上の眺望奇観。」と書かれてい
た。やはり江戸時代もすばらしい風景だったのだろう。ここ雲海寺には
もうひとつ札所がある。第85番本地堂である。神仏分離で、第85番札所
であった福田八幡宮は札所からはずされ、本地仏の弁財天が、神社から
500メートルほど離れた当地に移されたのであった。

　そこで次の訪問場所は、旧札所の福田八幡宮ということになる。ここも
小豆島の他の八幡宮同様、鬱蒼たる森である。小豆島の社叢には、優占
樹種の上から、ウバメガシ型、シイ・クス型、アラカシ型の3タイプがあ
るが、福田八幡宮の社叢はシイ・
クス型だそうである。県の天然記
念物に指定されている。並び立つ
巨木に圧倒される。

　福田八幡宮を出ると、海沿いの
道を歩いて行く。海沿いに、第86
番当浜庵があり、第87番海庭庵が
あり、そして第88番楠霊庵があ

図14　雲海寺から福田港を望む

る。当浜庵の旧名は観音庵、海庭庵の旧名は観音堂、楠霊庵の旧名は地蔵堂であった。『小豆嶋名所圖會』には、当浜庵について、「此地はすべて海濱にして、眺望ことさらによし。」と書かれている。また、楠霊庵のある橘之浦について、「當嶋の東浦にして、阿波の鳴門より淡路の嶋山、播磨の山々見へわたりて、至つて絶景なり。」と書かれている。[31]楠霊庵は第88番札所、結願の霊場である。ここで海辺の道から離れ、安田へ至る山道に入る。これにて今回の小豆島遍路は終了した。

4. 結語

　神仏分離以前の小豆島遍路の霊場を、実際に歩いてみて気づいたことをまとめてみたい。

　神仏分離で廃止になった8つの神社は想像以上の名所であった。まず、これらの神社は、江戸時代の小豆島遍路で、もっとも大きな札所であった。各地の八幡宮は、小高い山全体が神社であるから、寺院よりはるかに広大な霊場である。第二に、それらの神社の森は、太古の植生が残る貴重な遺産である。亀甲山八幡宮、伊喜末八幡宮、福田八幡宮の社叢は、天然記念物に指定されている。その他の神社の社叢も、それらに劣らぬ豊かな森である。第三に、それらの神社は、小豆島の景勝地である。旧札所の神社は、各村の最も美しい場所につくられている。富丘八幡宮は「さぬき十景」に選ばれるほどである。第四に、したがって、そのような緑豊かな神社は、最高の癒しの場である。人々がさまざまな願いごとをし、勇壮な秋祭りを行う神聖な場所であるということを別にしても、これらの神社にはすぐれた美点が数多くある。要するに、小豆島を代表する名所なのである。

　小豆島遍路を中心に小豆島のガイドブックを書いた暁鐘成が、その本のタイトルを『小豆嶋名所圖會』としたことの意味を考えてみたい。88のすべての霊場を取り上げ、本尊仏や神社の祭神について解説するとと

---

[31] 暁、591ページ。

もに、それらの霊場の風景や霊場からの眺望を、美観、奇観、絶景、といったことばを多用して紹介している。彼にとって、小豆島霊場は名所なのである。つまり、小豆島遍路は信仰であると同時に観光でもあったということである。お遍路が現代になって観光化したような文章も見かけるが、江戸時代から観光的要素は強かったのである。ここで小豆島遍路の始まりについて書かれた『小豆郡誌』の記述が思い起こされる。そこには「本郡に於ける真言宗の緇素相諮り」と書かれていた。緇は黒衣、素は白衣、つまり僧侶と俗人が相談して八十八ヶ所霊場を定めたという。小豆島遍路は、決してプロの修行者だけの行場というわけではなく、もともと俗人の楽しみの場としても設計されていたのだと思う。

　そのように考えると、小豆島遍路の構成要素として、本稿では、当初四つの要素を考えたのであるが、実は、観光という要素も付け加えるべきだったのではないかと思う。そして、神仏分離によって、これらの5要素の内、神道がなくなり、観光的要素は比重が小さくなった。つまり、小豆島遍路の旧札所神社は、いずれも小豆島を代表する名所だったが、それらが外されたために、小豆島遍路の観光的価値は下がったように思われる。これを図式化すると図15のようになるであろう。

　今回のお遍路で、神社については、旧札所の8つの神社に参拝する予定であったが、結局、遍路道沿いにある坂手の荒神社、西村の高木明神社、小海の王子神社にも足を運んだ。いずれも天然記念物に指定されている森である。八幡宮などの旧札所に参拝すると、自然にそのような気持ちになるのである。お遍路においては、御本尊を拝むことが目的であることはいうまでもないが、自然と一体になる感覚を味わうことも同様にだいじな目的であろう。そして、最も豊かな自然が残っているのが、このような神社なのである。本来、お遍路は仏教に限定されるわけではないのだから、八十八ヶ所巡りでそのような場所に行かない理由はないように思われる。

　神仏分離以前、神社が札所だったことは知っていたが、知っていることと、実際にお遍路で神社を訪ねることは違う。筆者は、今回、江戸時

代の札所を訪ねて、初めて、自分自身がいかにお遍路を狭くとらえてい
たかに気づいた。江戸時代のお遍路さんは、現在以上に、自然の神秘に
触れ、美しい自然の風景に感動していたのではないかと思う。お遍路で
は神社に行かないというルールは、開国という困難な課題に直面した明
治政府が自らの権威確立のために国体神学を採用したところから始まっ
たものである。[32] 政治的理由でそ
うなったわけで、なんら合理的根
拠があるわけではない。われわれ
は、それをいつまで律儀に守って
いるのだろうかと疑問に思う。

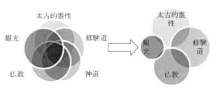

図15　小豆島遍路構成要素の変化(検証結果)

引用文献

暁　鐘成『小豆嶋名所圖會』、香川県『香川叢書第三』1943所収

梅原　猛『「森の思想」が人類を救う』(小学館)、1991

大賀睦夫「四国遍路におけるメタファー思考について」『人体科学』第20巻第1号、2011

大川栄至「小豆島遍路の歴史と特質」、(土庄町立中央図書館蔵書論文) 2009

荻原井泉水『遍路と巡禮』創元社、1934

小田匡保「小豆島における写し霊場の成立」真野俊和編『講座日本の巡礼　第
　3巻　巡礼の構造と地方巡礼』(雄山閣出版)、1996

香川県小豆郡内海町『内海町史』1974

香川県小豆郡役所編『小豆郡誌』1921、復刻版1973

川野正雄『小豆島今昔』(小豆島新聞社)、1970

『月刊ぴーぷる』11月号別冊 (マルシマ印刷)、1995

五来　重『空海の足跡』(角川選書) 1994

五来　重『四国遍路の寺』上 (角川文庫) 2009

神道文化会編『自然と神道文化』(弘文堂) 2009

真念『四国遍路道指南』(1687)、伊予史談会『四国遍路記集』(1981) 所収

南方熊楠『南方熊楠全集』第七巻 (平凡社)、1971

頼富本広『四国遍路とは何か』(角川選書) 2009

安丸良夫『神々の明治維新』(岩波新書) 1979

---

[32] 安丸、4ページ参照。

執筆者紹介（執筆順）

室井　研二　香川大学教育学部准教授

金　　徳謙　香川大学経済学部准教授

稲田　道彦　香川大学経済学部教授

丹羽　佑一　香川大学経済学部教授

大賀　睦夫　香川大学経済学部教授

瀬戸内海観光 と 国際芸術祭

2012年3月31日　初版
2020年9月 4日　再版
2022年6月23日　三版

編集　香川大学瀬戸内圏研究センター
　　　〒760-8521　香川県高松市幸町１－１

発行　株式会社　美 巧 社
　　　〒760-0063　香川県高松市多賀町1－8－10
　　　TEL 087-833-5811　FAX 087-835-7570

ISBN978-4-86387-129-8　C1037